Pains *de* Tradition

MARGUERITE ROUSSEAU
PRÉFACE MICHEL MOISAN
PHOTOGRAPHIES ALAIN MURIOT

Pains *de* Tradition

LE GRAND LIVRE DU MOIS

Sommaire

LES PAINS SUCRÉS et LA VIENNOISERIE

PRÉFACE

Le bonheur du pain

Les Égyptiens seraient, dit-on, les ancêtres de nos boulangers : une raison de plus, et non des moindres, de les remercier, eux qui ont inventé le plus vieux plat cuisiné du monde.

Depuis toujours, le pain domine l'esprit et la vie des peuples. Et c'est donc une bonne chose que Marguerite Rousseau nous invite ici à un tour du monde des pains.

Avec cet ouvrage, notre auteur nous donne véritablement envie de mettre la main à la pâte, un plaisir rare que l'on saura partager. Car enfin, qu'est-ce que faire son pain, sinon une heureuse alchimie qui, de la terre à la pâte que l'on bat, que l'on étire, que l'on replie puis que l'on enferme dans le mystère de la fermentation, nous donne cette transformation spectaculaire, on pourrait dire cette transfiguration : en quelques minutes, après avoir été déposé dans le four chaud, le pain va doubler de volume, se parfumer, se colorer et changer encore de couleur. Un spectacle inoubliable dont les amateurs sauront remercier les auteurs, ceux dont les mains artisanes ont pétri la pâte.

Notre tradition, c'est de faire notre pain. Cet ouvrage aux riches recettes alimente notre passion. À vous aussi de nous rejoindre dans ce bonheur !

Michel MOISAN

DES INGRÉDIENTS BIEN CHOISIS

La farine

La farine de blé est l'élément de base du pain. C'est elle qui garantit la souplesse et le gonflement de la pâte. La farine est classée selon la grosseur de chaque mouture. Elle peut être (entre autres) complète : réalisée avec le grain de blé entier (son, germe, amande), elle sert, par exemple, à la préparation du pain complet. De type 55, c'est la plus utilisée en boulangerie ; de type 45, elle est davantage destinée à la pâtisserie. On trouve aussi plusieurs qualités de farine, comme la farine « fleur », faite exclusivement avec l'amande du grain de blé, ou la farine de gruau, obtenue avec des blés sélectionnés pour leur richesse en protéines.
Si la farine de blé, en quantité plus ou moins importante, est indispensable pour que la pâte lève, d'autres farines peuvent, bien sûr, entrer dans la composition du pain. Ainsi en est-il de la farine de seigle, de maïs, de châtaignes, etc.

Levains et levures

De l'avis de tous, le levain rend le pain goûteux et lui assure une bonne conservation. Pour le réaliser, il vous suffit de prélever une petite quantité de pâte à pain ensemencée à la levure et de la rafraîchir régulièrement par des ajouts successifs de farine et d'eau. Mais cela suppose que vous fassiez votre pain très régulièrement. Vous pouvez aussi obtenir un levain sans levure, à base de cidre ou de bière que vous mélangez avec un peu de farine et laissez « pousser » dans un endroit frais plusieurs jours, en rajoutant quotidiennement un peu de farine et d'eau. À défaut de faire votre levain, utilisez de la levure de boulanger, c'est plus simple et plus rapide. À base de champignons microscopiques, c'est un produit totalement naturel. Elle peut être fraîche et compressée, comportant 70 % d'humidité. Sa conservation ne dépasse pas une semaine au réfrigérateur. Vous pouvez lui préférer la levure sèche (ou lyophilisée), de conservation infiniment plus longue. Il faut néanmoins savoir que 15 grammes de levure fraîche équivalent à 7 grammes de levure sèche. De plus, il n'est pas nécessaire d'augmenter la quantité de levure proportionnellement à celle de la farine : une même dose de levure sèche agit davantage lorsqu'elle est mélangée à une grosse quantité de farine que lorsqu'elle l'est à une petite. Pour des pains vite faits, mais n'ayant peut-être pas la même saveur ni la même qualité, vous pouvez utiliser d'autres ferments, réagissant directement à la chaleur du four, comme la levure chimique ou le bicarbonate de soude.

L'eau

L'eau est aussi un élément très important dans le processus de fabrication du pain. Sa température détermine la fermentation de la pâte. Elle doit être tiède, autour de 37 °C, soit la température de votre doigt. Si l'eau est trop froide, la pâte met plusieurs heures à lever ; si elle est trop chaude, elle anéantit l'action de la levure. Il faut donc penser à mesurer cette température avant chaque utilisation.

Le sel

Ce condiment donne « corps » et saveur au pain et permet à la croûte de prendre un belle coloration dorée. Préférez le sel de mer et veillez à ce qu'il soit bien sec. Sachez que le gros sel se fait toujours fondre séparément dans un peu d'eau tiède avant d'être mélangé à la pâte ; le sel fin, lui, peut être dissout dans de l'eau, toujours tiède, ou être incorporé en cours de pétrissage. Prenez soin de ne jamais mettre le sel en contact direct avec la levure, elle perdrait toutes ses propriétés.

L'ART DU PÉTRISSAGE

Pour le pétrissage, étape-clé dans la fabrication du pain, procédez ainsi : après avoir ramassé la pâte en boule, soulevez-la, étirez-la, puis arrondissez-la à nouveau. Répétez l'opération pendant pas moins de 10 minutes. En fin de pétrissage, la pâte doit être lisse, brillante et élastique. Pour une pâte molle comme celle de la brioche, il faut la projeter plusieurs fois sur le plan de travail. Le pétrissage peut aussi se faire au mixeur équipé d'un crochet à pâte. Mais l'opération doit être menée sur la vitesse lente du robot : si la pâte est trop travaillée, elle se défait et perd de son élasticité. Aussi, dès que la pâte est lisse, terminez de la pétrir à la main sur le plan de travail pendant 1 à 2 minutes.

DIX RÈGLES D'OR

1. Plus lente est la fermentation de la pâte, plus longue sera la conservation du pain. Une pâte « poussée » très rapidement donne un pain qui se garde mal.
2. Si la pâte retombe en fin de fermentation, il faut la retravailler et la remettre à lever.
3. Avant de mettre la pâte en forme, il faut en chasser le gaz carbonique en la pliant sur elle-même plusieurs fois.
4. Il ne faut pas trop fariner le plan de travail pour ne pas alourdir la pâte.
5. Il est indispensable de laisser reposer au réfrigérateur les pâtes délicates, afin de ralentir leur fermentation. Sinon, elles retombent immanquablement et perdent leur légèreté.
6. Pour les pains garnis comme la pizza, le façonnage de la pâte – c'est-à-dire sa mise en forme – doit être rapide : la pâte ne doit pas avoir le temps de lever à nouveau avant la cuisson.
7. Au moment d'enfourner, il est conseillé de « signer » le pain de quelques coups de lame pour en faciliter le gonflement et éviter les déchirures de la croûte. Les entailles doivent être régulières et franches, d'une profondeur de 1 à 2 centimètres.
8. Pour obtenir un pain bien doré, il faut enfourner, en même temps que la pâte, un petit récipient rempli d'eau ou une plaque chaude et mouillée qui dégageront de la vapeur, ou encore vaporiser d'eau la surface du pain en cours de cuisson.
9. La cuisson doit débuter à four vif, pour que la pâte soit saisie et ne retombe pas, et se poursuivre à chaleur plus modérée pour que le pain cuise « à cœur ». Il est donc indispensable de préchauffer son four pendant la préparation du pain.
10. Il faut démouler le pain à la sortie du four et le déposer sur une grille. Pour savoir s'il est bien cuit, il suffit d'en frapper le dessous : le pain doit répondre au choc par un son creux.

LES PAINS NATURE

Pain de méteil

Pour 2 pains

Temps de préparation : 45 minutes
Temps de fermentation : 3 heures
Temps de cuisson : 35 minutes

15 g de levure fraîche (ou 7 g de levure sèche) de boulanger
30 cl d'eau tiède
250 g de farine de blé de type 55
(+ 50 g pour le travail et la plaque)
250 g de farine de seigle
10 g de sel fin

Dans une terrine, versez la levure. Délayez-la dans 10 centilitres d'eau tiède.
Incorporez 150 grammes de farine de blé et mélangez. Couvrez la pâte d'un linge. Laissez-la lever 1 h 30.
Versez le reste de farine de blé dans un grand saladier. Ajoutez la farine de seigle, le sel et 20 centilitres d'eau tiède, puis mélangez. Travaillez la pâte jusqu'à ce qu'elle soit souple et élastique.
Ramassez-la en boule, saupoudrez-la de farine et laissez-la lever 30 minutes, couverte d'un linge.
Pétrissez la pâte sur le plan de travail fariné. Divisez-la en 2 longs pâtons cylindriques. Placez-les dans des paniers tapissés de grosse toile farinée et couvrez-les d'un linge. Laissez-les lever 1 heure.
Préchauffez le four à 230 °C (th. 7/8). Retournez les paniers sur la plaque du four farinée, de manière à y déposer les pains. Incisez leur surface en biais, avec un cutter. Faites cuire 35 minutes. En fin de cuisson, entrouvrez la porte du four pour que la croûte sèche.

Le pain de méteil est bien connu en Alsace ainsi que dans le Centre et en Savoie. Il était autrefois réalisé avec de la farine issue de grains récoltés dans des champs ensemencés, moitié froment et moitié seigle.

Baguette parisienne

Pour 4 baguettes

Temps de préparation : 30 minutes
Temps de fermentation : 2 heures
Temps de cuisson : 25 minutes

15 g de levure fraîche (ou 7 g de levure sèche) de boulanger
30 cl d'eau tiède
10 g de sel fin
500 g de farine de blé de type 55
(+ 50 g pour le travail et la plaque)

Versez la levure dans un bol. Délayez-la dans 5 centilitres d'eau tiède.
Dans un saladier, procédez de la même façon pour faire fondre le sel. Ajoutez la farine, le reste d'eau et la levure délayée. Mélangez jusqu'à l'obtention d'une pâte homogène.
Sur le plan de travail fariné, pétrissez la pâte en l'étirant et en la pliant sur elle-même plusieurs fois. Lorsqu'elle est souple et brillante, remettez-la dans le saladier. Saupoudrez-la de farine, couvrez-la d'un linge et laissez-la lever 30 minutes.
Divisez la pâte en quatre. Façonnez des baguettes : pliez les pâtons sur eux-mêmes, puis allongez-les. Pour cuire dans un four de cuisine, les baguettes doivent mesurer entre 30 et 35 centimètres (elles mesurent entre 50 et 60 centimètres lorsqu'elles sont cuites dans un four de boulanger).
Disposez les baguettes sur un linge de grosse toile, en ayant soin de réaliser un pli entre chacune d'elle. Couvrez-les d'un second linge et laissez-les lever 1 h 30.
Préchauffez le four à 240 °C (th. 8).
Placez les baguettes sur la plaque du four farinée, en les espaçant. Incisez leur surface en biais avec un cutter. Faites cuire 25 minutes.

Typiquement française, la baguette parisienne est le pain le plus populaire au monde. Pour l'apprécier, il faut la consommer dans les heures qui suivent sa sortie du four.

Baguette épis

Pour 4 baguettes

Temps de préparation : 30 minutes
Temps de fermentation : 2 heures
Temps de cuisson : 25 minutes

15 g de levure fraîche (ou 7 g de levure sèche)
de boulanger
30 cl d'eau tiède
10 g de sel fin
500 g de farine de blé de type 55
(+ 50 g pour le travail et la plaque)

Dans un bol, versez la levure. Délayez-la dans 5 centilitres d'eau tiède.
Dans un saladier, procédez de la même façon pour faire fondre le sel. Ajoutez la farine, le reste d'eau et la levure délayée. Mélangez, puis pétrissez la pâte.
Lorsqu'elle est souple et se détache des parois du saladier, couvrez-la d'un linge et laissez-la lever 30 minutes.
Sur le plan de travail fariné, divisez la pâte en quatre. Façonnez des baguettes : pliez les pâtons sur eux-mêmes, puis allongez-les.
Disposez les baguettes sur un linge de grosse toile bien sec en ayant soin de réaliser un pli entre chacune d'elles. Couvrez-les d'un second linge et laissez-les lever 1 h 30.
Préchauffez le four à 240 °C (th. 8).
Placez les baguettes sur la plaque du four farinée, en les espaçant. Avec une paire de ciseaux, entaillez-les profondément sur la longueur, de chaque côté, tous les 4 centimètres, en changeant de côté à chaque coup de ciseaux. Soulevez délicatement les morceaux coupés et positionnez-les en biais, en les repoussant alternativement vers la gauche et vers la droite. Faites cuire 25 minutes.

Variante de la baguette parisienne, ce pain dit « de fantaisie » se rompt facilement à la main. Pour une note rustique, vous pouvez saupoudrer les pâtons de farine avant de les cuire. Vous pouvez également les parsemer de graines de sésame ou de pavot après les avoir badigeonnés d'eau avec un pinceau.

Pain de campagne

Pour 2 pains

Temps de préparation : 45 minutes
Temps de fermentation : 5 heures
Temps de cuisson : 35 minutes

15 g de levure fraîche (ou 7 g de levure sèche)
de boulanger
35 cl d'eau tiède
70 g de farine de seigle
470 g de farine de blé de type 55
(+ 50 g pour le travail et la plaque)
10 g de sel fin

Dans une terrine, versez 10 grammes de levure fraîche (ou la moitié de levure sèche). Délayez-la dans 15 centilitres d'eau tiède. Ajoutez la farine de seigle et 70 grammes de farine de blé. Mélangez. Couvrez la pâte d'un linge et laissez-la lever 2 heures.
Dans un grand saladier, versez le reste de levure. Délayez-la dans 20 centilitres d'eau tiède. Ajoutez le reste de farine de blé et le sel, puis mélangez. Incorporez la pâte fermentée et pétrissez jusqu'à l'obtention d'une pâte souple et élastique. Ramassez-la en boule, saupoudrez-la de farine et laissez-la lever 1 heure, couverte d'un linge.
Sur le plan de travail fariné, divisez la pâte en deux. Formez des miches. Placez-les dans des paniers tapissés de grosse toile farinée et couvrez-les d'un linge. Laissez-les lever 2 heures.
Préchauffez le four à 240 °C (th. 8). Retournez les paniers sur la plaque du four farinée, de manière à y déposer les miches. Incisez leur surface en croix avec un cutter. Faites cuire 35 minutes, en veillant à baisser la température du four à 220 °C (th. 7/8) après 10 minutes de cuisson.

Ce pain est préparé en deux temps selon une méthode bien connue des boulangers appelée « poolish ». La pâte fermentée faite de farine, d'eau et de levure permet au pain de mieux se conserver et le rend plus goûteux.

Pain de mie

Pour 1 pain

Temps de préparation : 30 minutes
Temps de fermentation : 3 heures
Temps de cuisson : 50 minutes

10 g de levure fraîche
(ou 5 g de levure sèche) de boulanger
20 cl d'eau tiède
10 cl de lait
500 g de farine de blé de type 55
(+ 50 g pour le travail)
10 g de sel fin
25 g de sucre en poudre
50 g de beurre ramolli
(+ 10 g pour le moule)

Dans un bol, versez la levure. Délayez-la dans l'eau tiède. Chauffez le lait à feu doux. Versez la farine dans un saladier. Ajoutez le sel, le sucre, le lait tiédi, le beurre ramolli et la levure délayée. Mélangez jusqu'à l'obtention d'une pâte homogène.
Sur le plan de travail fariné, pétrissez-la en l'étirant et en la pliant sur elle-même plusieurs fois. Ramassez-la en boule et remettez-la dans le saladier. Laissez-la lever 2 heures, couverte d'un linge.
Déposez à nouveau la pâte sur le plan de travail et façonnez un gros cylindre. Préchauffez le four à 220 °C (th. 7/8).
Beurrez légèrement le moule à pain de mie (moule rectangulaire muni d'un couvercle coulissant) et placez-y le cylindre de pâte. Faites glisser le couvercle. La pâte doit épouser la forme du moule sans toucher le couvercle. Laissez lever 1 heure.
Faites cuire 50 minutes. Démoulez et laissez refroidir sur une grille.

Coupé en tranches, le pain de mie se consomme frais ou toasté. À défaut de moule à pain de mie, vous pouvez utiliser un moule à cake (sans couvercle), mais les tranches de pain n'auront pas cette forme caractéristique de carré régulier.

Pain brié

Pour 2 pains

Temps de préparation : 40 minutes
Temps de fermentation : 4 heures
Temps de cuisson : 30 minutes

10 g de levure fraîche
(ou 5 g de levure sèche) de boulanger
20 cl d'eau tiède
450 g de farine de blé de type 55
(+ 50 g pour le travail et la plaque)
20 g de beurre ramolli
7 g de sel fin

Dans un saladier, versez 5 grammes de levure fraîche (ou la moitié de levure sèche). Délayez-la dans 18 centilitres d'eau tiède. Incorporez 300 grammes de farine, puis mélangez. Travaillez la pâte obtenue. Couvrez-la d'un linge et laissez-la lever 2 heures. Dans un bol, versez le reste de levure. Délayez-la dans 2 centilitres d'eau tiède. Ajoutez cette préparation à la pâte fermentée, ainsi que 150 grammes de farine, le beurre ramolli et le sel. Pétrissez la pâte, qui est très ferme, au mixeur, à l'aide d'un crochet pétrisseur. Ramassez-la en boule et couvrez-la d'un linge. Laissez-la lever 30 minutes.

Sur le plan de travail fariné, divisez la pâte en deux. Façonnez des pains courts. Disposez-les sur un linge de grosse toile, en ayant soin de réaliser un pli entre eux. Laissez-les lever 1 h 30.

Préchauffez le four à 230 °C (th. 7/8). Faites glisser les pains sur la plaque du four farinée. Avec un cutter, incisez leur surface de lignes verticales. Faites cuire 30 minutes.

Croûte brillante, mie blanche et très dense sont les caractéristiques de ce pain normand qui se conserve très bien.

Pain plié

Pour 1 gros pain

Temps de préparation : 45 minutes
Temps de fermentation : 3 heures
Temps de cuisson : 40 minutes

15 g de levure fraîche
(ou 7 g de levure sèche) de boulanger
30 cl d'eau tiède (+ 1 cuillerée à soupe)
500 g de farine de blé de type 55
(+ 50 g pour le travail et la plaque)
10 g de gros sel de mer

Dans un saladier, versez 5 grammes de levure fraîche (ou la moitié de levure sèche). Délayez-la dans 10 centilitres d'eau tiède. Ajoutez 100 grammes de farine, puis mélangez. Couvrez la pâte d'un linge et laissez-la lever 2 heures.
Dans un bol, versez le reste de levure. Délayez-la dans 10 centilitres d'eau tiède. Dans un autre bol, procédez de la même façon pour faire fondre le sel. Incorporez la levure délayée et le reste de farine à la pâte fermentée. Mélangez, puis ajoutez le sel. Travaillez la pâte jusqu'à ce qu'elle soit souple et élastique. Ramassez-la en boule et couvrez-la d'un linge. Laissez-la lever 30 minutes.
Pétrissez la pâte sur le plan de travail fariné. Façonnez une boule, puis aplatissez-la de manière à former un rond de 3 centimètres d'épaisseur environ. Badigeonnez-en le tour d'eau tiède avec un pinceau. Pliez la pâte sur elle-même. Pressez-en les bords superposés avec la paume de la main pour les souder. Préchauffez le four à 230 °C (th. 7/8). Déposez le pain sur la plaque du four farinée. Laissez-le lever 30 minutes, puis faites cuire 40 minutes.

Spécialité bretonne, ce pain doit son originalité à son pliage. Attendez qu'il soit complètement refroidi pour le trancher.

Pain polka

Pour 1 gros pain

Temps de préparation : 30 minutes
Temps de fermentation : 3 heures
Temps de cuisson : 45 minutes

15 g de levure fraîche
(ou 7 g de levure sèche) de boulanger
35 cl d'eau tiède
400 g de farine de blé de type 55
(+ 50 g pour le travail et la plaque)
100 g de farine de blé complète
10 g de sel fin

Dans un saladier, versez la levure. Délayez-la dans 10 centilitres d'eau tiède. Ajoutez 80 grammes de farine de type 55, puis mélangez. Couvrez la pâte d'un linge. Laissez-la fermenter 2 heures.
Incorporez le reste d'eau et de farine de type 55, la farine complète et le sel. Travaillez la pâte jusqu'à ce qu'elle soit souple et brillante. Ramassez-la en boule et laissez-la lever 1 heure, couverte d'un linge.
Préchauffez le four à 230 °C (th. 7/8). Pétrissez la pâte sur le plan de travail fariné. Façonnez un gros pain rond, puis aplatissez-le avec la paume de la main. Déposez-le sur la plaque du four farinée et, avec un cutter, dessinez un quadrillage en réalisant des entailles profondes sur sa surface.
Faites cuire 45 minutes environ. Le pain doit être très cuit, sa croûte dure et brune.

Le quadrillage de ce pain rappelle les figures de la danse polonaise… et ses découpes profondes permettent de le rompre facilement à la main.
Il est préparé dans toutes les régions de France et plus particulièrement dans l'Est.

Pain de seigle

Pour 2 pains

Temps de préparation : 30 minutes
Temps de fermentation : 3 h 30
Temps de cuisson : 30 minutes

15 g de levure fraîche
(ou 7 g de levure sèche) de boulanger
35 cl d'eau tiède
350 g de farine de seigle
150 g de farine de blé de type 55
(+ 50 g pour le travail et la plaque)
10 g de sel fin

Dans un saladier, versez 5 grammes de levure fraîche (ou la moitié de levure sèche). Délayez-la dans 10 centilitres d'eau tiède. Ajoutez 100 grammes de farine de seigle, puis mélangez. Couvrez la pâte d'un linge et laissez-la fermenter 2 heures.
Dans un bol, versez le reste de levure. Délayez-la dans 25 centilitres d'eau tiède. Incorporez à la pâte fermentée le reste de farine de seigle, la farine de blé, le sel et la levure délayée. Travaillez la pâte jusqu'à ce qu'elle devienne ferme. Laissez-la lever 30 minutes, couverte d'un linge.
Sur le plan de travail fariné, pétrissez à nouveau la pâte. Divisez-la en 2 longs pâtons cylindriques. Déposez-les dans des paniers tapissés de grosse toile farinée et couvrez-les d'un linge. Laissez-les lever 1 heure.
Préchauffez le four à 240 °C (th. 8).
Retournez les paniers sur la plaque du four farinée de manière à y déposer les pains. Incisez leur surface avec un cutter. Faites cuire 30 minutes.

Le pain de seigle accompagne souvent les fruits de mer et trouve tout naturellement – mais pas uniquement, tant s'en faut – sa place sur les tables des côtes bretonnes et normandes… Il s'apprécie également avec du fromage ou avec du miel.

Variante
Pour réaliser des « benoîtons », ces petits pains ronds aux raisins, incorporez à la pâte, après la deuxième fermentation, 100 grammes de raisins de Corinthe. Façonnez des boules de 60 à 80 grammes et préchauffez le four à 240 °C (th. 8). Laissez lever les petits pains 30 minutes, couverts d'un linge, puis faites cuire 20 minutes.

Pain bis

Pour 2 pains

Temps de préparation : 45 minutes
Temps de fermentation : 2 h 30
Temps de cuisson : 35 minutes

15 g de levure fraîche
(ou 7 g de levure sèche) de boulanger
30 cl d'eau tiède
10 g de gros sel de mer
500 g de farine bise
(+ 50 g pour le travail et la plaque)

Dans un bol, versez la levure. Délayez-la dans 25 centilitres d'eau tiède.
Dans un saladier, faites fondre le sel dans le reste d'eau tiède. Ajoutez la farine bise et la levure délayée. Mélangez. Travaillez la pâte obtenue. Lorsqu'elle est souple et se détache des parois du saladier, ramassez-la en boule et couvrez-la d'un linge. Laissez-la lever 1 heure.
Sur le plan de travail fariné, étirez la pâte et pliez-la plusieurs fois sur elle-même. Divisez-la en deux. Façonnez des pains ronds. Placez les pains dans des paniers tapissés de grosse toile farinée et couvrez-les d'un linge. Laissez-les lever 1 h 30.
Préchauffez le four à 240 °C (th. 8). Retournez les paniers sur la plaque du four farinée, de manière à y déposer les pains. Incisez leur surface avec un cutter. Faites cuire 35 minutes.

Pour réaliser ce pain rustique, au bon goût de terroir, il faut de la farine bise. À défaut de farine bise, mélangez longuement 350 grammes de farine de blé de type 55 avec 150 gramme de farine de blé complète.

Pain complet

Pour 2 pains

Temps de préparation : 30 minutes
Temps de fermentation : 2 h 30
Temps de cuisson : 40 minutes

15 g de levure fraîche
(ou 7 g de levure sèche) de boulanger
35 cl d'eau tiède
500 g de farine de blé complète
(+ 50 g pour le travail et la plaque)
10 g de sel fin
(15 g de beurre pour les moules,
en remplacement de la plaque)

Dans un bol, versez la levure. Délayez-la dans 10 centilitres d'eau tiède.
Dans un saladier, mélangez la farine, le sel, le reste d'eau tiède et la levure délayée. Sur le plan de travail fariné, pétrissez la pâte. Lorsqu'elle est ferme, ramassez-la en boule, puis remettez-la dans le saladier. Couvrez-la d'un linge humide et laissez-la lever 1 h 30.
Sur le plan de travail, étirez la pâte et pliez-la sur elle-même plusieurs fois. Divisez-la en 2 pâtons. Donnez à chacun la forme soit d'une boule – les pâtons seront placés dans des paniers tapissés de grosse toile farinée –, soit d'un cylindre – les pâtons seront placés dans des moules à pain légèrement beurrés. Couvrez les pains d'un linge et laissez-les lever 1 heure (la pâte ne doit pas trop gonfler).
Préchauffez le four à 240 °C (th. 8). Selon leur contenant, déposez les pains sur la plaque du four farinée en retournant les paniers ou laissez-les dans leur moule.
Incisez leur surface avec un cutter. Faites cuire 40 minutes en veillant à baisser la température du four à 210 °C (th. 7) après 15 minutes de cuisson.

Il est important de choisir une farine de blé complète – qui est réalisée avec le grain de blé entier (son, germe et amande) – issue de l'agriculture biologique.

Couronne

Pour 1 couronne

Temps de préparation : 45 minutes
Temps de fermentation : 4 heures
Temps de repos : 15 minutes
Temps de cuisson : 45 minutes

10 g de levure fraîche
(ou 5 g de levure sèche) de boulanger
35 cl d'eau tiède
70 g de farine de seigle
470 de farine de blé de type 55
(+ 50 g pour le travail et la plaque)
10 g de sel fin

Dans une terrine, versez 5 grammes de levure fraîche (ou la moitié de levure sèche). Délayez-la dans 15 centilitres d'eau tiède. Ajoutez la farine de seigle et 70 grammes de farine de blé. Mélangez. Couvrez la pâte d'un linge. Laissez-la lever environ 2 heures. Dans un grand saladier, versez le reste de levure. Délayez-la dans 20 centilitres d'eau tiède. Ajoutez le reste de farine de blé et le sel. Mélangez, puis incorporez la pâte fermentée. Pétrissez jusqu'à l'obtention d'une pâte souple. Ramassez-la en boule. Saupoudrez-la de farine et laissez-la lever 1 heure, couverte d'un linge.
Préchauffez le four à 240°C (th. 8). Sur le plan de travail fariné, donnez à la pâte la forme d'une grosse miche. Laissez-la reposer 15 minutes, et, à l'aide de trois doigts serrés, creusez un puits au centre. Agrandissez-le progressivement de manière à réaliser la couronne. Déposez-la sur la plaque du four farinée et couvrez-la d'un linge. Laissez-la lever 1 heure.
Incisez sa surface avec un cutter. Faites cuire 45 minutes en veillant à baisser la température du four à 220 °C (th. 7/8) après 10 minutes de cuisson.

Saviez-vous que, en Savoie, pour faire la couronne, on creuse le puits dans la pâte avec ses coudes ? On l'élargit ensuite avec ses avant-bras. Façonnée, la couronne est mise à lever dans un paneton fariné avant de cuire jusqu'à ce qu'elle soit presque noire.

Fer à cheval

Pour 2 fers à cheval

Temps de préparation : 30 minutes
Temps de fermentation : 1 h 45
Temps de repos : 15 minutes
Temps de cuisson : 25 minutes

15 g de levure fraîche
(ou 7 g de levure sèche) de boulanger
30 cl d'eau tiède
10 g de sel fin
500 g de farine de blé de type 55
(+ 50 g pour le travail et la plaque)

Dans un bol, versez la levure. Délayez-la dans 5 centilitres d'eau tiède.
Dans un saladier, procédez de la même façon pour faire fondre le sel. Ajoutez la farine, le reste d'eau et la levure délayée. Mélangez jusqu'à l'obtention d'une pâte homogène. Sur le plan de travail fariné, pétrissez-la en l'étirant et en la pliant sur elle-même plusieurs fois. Lorsque la pâte est souple et brillante, remettez-la dans le saladier. Saupoudrez-la de farine et laissez-la lever 30 minutes, couverte d'un linge.
Pétrissez à nouveau la pâte sur le plan de travail, puis divisez-la en deux. Laissez reposer les pâtons 15 minutes, puis façonnez des cylindres longs de 40 centimètres environ. Avec le manche fariné d'un balai en bois, pressez fermement les cylindres en leur milieu, sur toute leur longueur. Courbez-les ensuite pour leur donner la forme d'un fer à cheval. Déposez-les sur la plaque du four farinée et couvrez-les d'un linge. Laissez-les lever 1 h 15. Préchauffez le four à 240 °C (th. 8). Faites cuire 25 minutes en veillant à baisser la température du four à 220 °C (th. 7/8) après 15 minutes de cuisson.

Appelé aussi pain « porte-bonheur », le fer à cheval est tout particulièrement fabriqué dans les Vosges et les Ardennes. Il est parfois orné de petites pastilles de pâte représentant les clous du fer à cheval.

Pain fendu

Pour 2 pains

Temps de préparation : 45 minutes
Temps de fermentation : 4 heures
Temps de repos : 15 minutes
Temps de cuisson : 40 minutes

10 g de levure fraîche
(ou 5 g de levure sèche) de boulanger
35 cl d'eau tiède
70 g de farine de seigle
470 g de farine de blé de type 55
(+ 50 g pour le travail et la plaque)
10 g de sel fin

Dans une terrine, versez 5 grammes de levure fraîche (ou la moitié de levure sèche). Délayez-la dans 15 centilitres d'eau tiède. Ajoutez la farine de seigle et 70 grammes de farine de blé. Mélangez et couvrez la pâte d'un linge. Laissez-la lever 2 heures.
Dans un grand saladier, versez le reste de levure. Délayez-la dans 20 centilitres d'eau tiède. Ajoutez le reste de farine de blé et le sel. Mélangez, puis incorporez la pâte fermentée. Pétrissez jusqu'à l'obtention d'une pâte souple. Ramassez-la en boule, saupoudrez-la de farine et couvrez-la d'un linge. Laissez-la lever 1 heure.
Pétrissez à nouveau la pâte sur le plan de travail. Divisez-la en deux. Façonnez des pâtons cylindriques longs de 40 centimètres environ. Laissez-les reposer 15 minutes.
Avec le manche fariné d'un balai en bois, pressez fermement les pâtons en leur milieu, sur toute leur longueur et élargissez le sillon créé. Déposez les pains sur un linge, la fente dessous. Laissez-les lever 1 heure.
Préchauffez le four à 230 °C (th. 7/8). Retournez les pâtons sur la plaque du four farinée. Badigeonnez les sillons avec le reste d'eau. Faites cuire 40 minutes.

En Provence et dans le Sud-Ouest, on l'appelle navette. En Corse, on le nomme cagita.

Marguerite

Pour 2 marguerites

Temps de préparation : 30 minutes
Temps de fermentation : 2 heures
Temps de cuisson : 30 minutes

15 g de levure fraîche
(ou 7 g de levure sèche) de boulanger
30 cl d'eau tiède
10 g de sel fin
500 g de farine de blé de type 55
(+ 50 g pour le travail et la plaque)

Dans un bol, versez la levure. Délayez-la dans 5 centilitres d'eau tiède.
Dans un saladier, procédez de la même façon pour faire fondre le sel. Ajoutez la farine, le reste d'eau et la levure délayée. Mélangez jusqu'à l'obtention d'une pâte homogène.
Sur le plan de travail fariné, pétrissez la pâte en l'étirant et en la pliant sur elle-même plusieurs fois. Lorsque la pâte est souple et brillante, remettez-la dans le saladier. Saupoudrez-la de farine et laissez-la lever 30 minutes, couverte d'un linge.
Divisez la pâte en 14 petits pâtons. Entre vos mains farinées, façonnez des boules. Déposez 1 boule sur la plaque du four farinée, puis entourez-la de 6 autres, formant ainsi une fleur, sans les serrer. Renouvelez l'opération et couvrez les pâtons d'un linge. Laissez lever 1 h 30 : les boules vont se souder entre elles.
Préchauffez le four à 240 °C (th. 8), puis faites cuire 30 minutes.
Avant d'enfourner ces pains, vous pouvez les badigeonner d'un peu d'eau, puis les saupoudrer de farine tamisée ou les parsemer de graines de pavot ou de sésame.

Tordu

Pour 2 tordus

Temps de préparation : 30 minutes
Temps de fermentation : 1 h 45
Temps de repos : 15 minutes
Temps de cuisson : 35 minutes

15 g de levure fraîche
(ou 7 g de levure sèche) de boulanger
30 cl d'eau tiède
10 g de sel fin
500 g de farine de blé de type 55
(+ 50 g pour le travail et la plaque)

Dans un bol, versez la levure. Délayez-la dans 5 centilitres d'eau tiède.
Dans un saladier, procédez de la même façon pour faire fondre le sel. Ajoutez la farine, 20 centilitres d'eau tiède et la levure délayée. Mélangez jusqu'à l'obtention d'une pâte homogène.
Sur le plan de travail fariné, pétrissez la pâte en l'étirant et en la pliant sur elle-même plusieurs fois. Lorsque la pâte est souple et brillante, remettez-la dans le saladier. Saupoudrez-la de farine, couvrez-la d'un linge et laissez-la lever 30 minutes.
Divisez la pâte en deux. Façonnez des pâtons cylindriques longs de 40 centimètres environ. Laissez-les reposer 15 minutes. Avec le manche fariné d'un balai en bois, fendez les cylindres en deux, sur toute leur longueur. Torsadez entre eux les morceaux de pâte obtenus. Déposez les torsades sur la plaque du four farinée. Couvrez-les d'un linge et laissez-les lever 1 h 15. Préchauffez le four à 240 °C (th. 8), puis faites cuire 35 minutes.

Très courant autrefois dans le Sud-Ouest, ce pain demande un petit tour de main. Il faut en effet commencer à torsader les morceaux de pâte en leur centre, puis poursuivre de chacun des côtés comme pour essorer du linge mouillé.

Tabatière

Pour 1 tabatière

Temps de préparation : 45 minutes
Temps de fermentation : 4 h 15
Temps de repos : 15 minutes
Temps de cuisson : 40 minutes

5 g de levure fraîche
(ou 2 g de levure sèche) de boulanger
20 cl d'eau tiède
40 g de farine de seigle
250 g de farine de blé de type 55
(+ 50 g pour le travail et la plaque)
1 cuillerée à café d'huile
5 g de sel fin

Dans une terrine, versez la levure. Délayez-la dans 10 centilitres d'eau tiède. Ajoutez la farine de seigle et 50 grammes de farine de blé. Mélangez. Couvrez la pâte d'un linge et laissez-la lever 2 heures.

Versez le reste de farine de blé, le sel et 10 centilitres d'eau dans un grand saladier. Incorporez la pâte fermentée. Travaillez la pâte jusqu'à ce qu'elle soit souple. Ramassez-la en boule. Saupoudrez-la de farine, couvrez-la d'un linge et laissez-la lever 1 heure.

Pétrissez la pâte sur le plan de travail fariné, puis donnez-lui la forme d'une miche. Laissez-la reposer 15 minutes.

Avec un rouleau à pâtisserie largement fariné, étalez un tiers de la miche afin d'obtenir une « languette » de 3 à 4 millimètres d'épaisseur. Avec un pinceau, badigeonnez d'huile le tour de la languette. Rabattez-la sur le restant de la miche, en la tendant légèrement (il ne doit pas y avoir de plis).

Déposez la tabatière sur la plaque du four farinée. Saupoudrez la languette rabattue de farine tamisée et couvrez l'ensemble d'un linge. Laissez lever 1 h 15.

Préchauffez le four à 230 °C (th. 7/8), puis faites cuire 40 minutes.

De fabrication courante dans le Jura jusqu'au milieu du XXe siècle, ce pain a une forme caractéristique. Pour ne pas alourdir la pâte, recouvrez le rouleau à pâtisserie de farine de riz.

Chapeau

Pour 1 chapeau

Temps de préparation : 30 minutes
Temps de fermentation : 2 heures
Temps de cuisson : 1 heure

15 g de levure fraîche
(ou 7 g de levure sèche) de boulanger
30 cl d'eau tiède
10 g de sel fin
500 g de farine de blé de type 55
(+ 50 g pour le travail et la plaque)

Dans un bol, versez la levure. Délayez-la dans 5 centilitres d'eau tiède.
Dans un saladier, procédez de la même façon pour faire fondre le sel. Ajoutez la farine, le reste d'eau, puis la levure délayée. Mélangez jusqu'à l'obtention d'une pâte homogène.
Sur le plan de travail fariné, pétrissez la pâte en l'étirant et en la pliant sur elle-même plusieurs fois. Lorsque la pâte est souple et brillante, remettez-la dans le saladier. Saupoudrez-la de farine et laissez-la lever 30 minutes, couverte d'un linge.
Divisez la pâte en 2 pâtons, l'un plus gros que l'autre. Formez des boules légèrement aplaties. Déposez la plus petite sur la plus grosse. Retournez-les, placez-les dans un panier de grosse toile farinée et couvrez-les d'un linge. Laissez-les lever 1 h 30.
Préchauffez le four à 240 °C (th. 8). Retournez les pains sur la plaque du four farinée et enfoncez profondément votre doigt au centre de la boule supérieure, de manière à la souder à celle du dessous. Faites cuire 1 heure, en veillant à baisser la température du four à 210 °C (th. 7) après 20 minutes de cuisson.

En forme de chapeau, ce pain, qui se consomme bien cuit, est encore fabriqué dans le Finistère Nord, à Landerneau, à Plouescat ou à Morlaix.

Pain de ferme

Pour 1 pain

Temps de préparation : 30 minutes
Temps de fermentation : 1 h 30
Temps de repos : 1 heure
Temps de cuisson : 35 minutes

15 g de levure fraîche
(ou 7 g de levure sèche) de boulanger
35 cl d'eau
500 g de farine de blé complète
(+ 50 g pour le travail et la plaque)
10 g de sel fin
2 cuillerées à soupe de graines de lin

Dans un bol, versez la levure. Délayez-la dans 10 centilitres d'eau tiède.
Dans un saladier, mélangez la farine, les graines de lin, le sel, le reste d'eau tiède et la levure délayée. Déposez la pâte sur le plan de travail fariné et malaxez-la. Elle doit être ferme. Ramassez-la en boule et remettez-la dans le saladier. Couvrez-la d'un linge humide. Laissez-la lever 1 h 30.
Pétrissez la pâte sur le plan de travail fariné en l'étirant et en la pliant sur elle-même plusieurs fois. Façonnez une boule et aplatissez-la en un grand pain rond. Déposez-le sur la plaque du four farinée. Saupoudrez-le et couvrez-le d'un linge. Laissez-le reposer 1 heure.
Préchauffez le four à 240 °C (th. 8). Avec un cutter, réalisez des entailles en forme de croisillons sur le pain. Faites cuire 35 minutes en veillant à baisser la température du four à 210 °C (th. 7) après 15 minutes de cuisson.

Aplatissez la pâte avec force en utilisant d'abord votre poing fermé et ensuite un rouleau à pâtisserie.

Pitas

Pour 16 pitas

Temps de préparation : 30 minutes
Temps de fermentation : 2 heures
Temps de cuisson : 12 minutes

15 g de levure fraîche
(ou 7 g de levure sèche) de boulanger
50 cl d'eau tiède
750 g de farine de blé de type 55
(+50 g pour le travail)
15 g de sel fin
2 cuillerées à soupe d'huile d'olive
(+1 cuillerée pour la plaque)

Dans un bol, versez la levure. Délayez-la dans 10 centilitres d'eau tiède.
Dans un saladier, mélangez la farine et le sel. Versez le reste d'eau tiède, la levure délayée et l'huile d'olive. Travaillez la pâte. Lorsqu'elle est souple et lisse, ramassez-la en boule et couvrez-la d'un linge. Laissez-la lever 1 h 30.
Pétrissez la pâte sur le plan de travail fariné. Divisez-la en 16 pâtons. Façonnez des boules. Aplatissez chacune d'elles avec le rouleau à pâtisserie, de manière à réaliser des formes ovales de 5 millimètres d'épaisseur. Déposez-les sur un linge fariné, puis couvrez-les d'un second linge. Laissez-les lever 30 minutes.
Préchauffez le four à 250 °C (th. 8/9). Glissez-y la plaque du four huilée. Quand elle est bien chaude, déposez-y les abaisses de pâte. Enfournez aussitôt. Faites cuire 12 minutes. Présentez les pitas chaudes ou tièdes.

Les pitas se servent en guise de pain pour accompagner la cuisine grecque ou libanaise. Vous pouvez aussi les ouvrir et les farcir de salade verte et de brochettes d'agneau ou de bœuf.

Pain de seigle au lait fermenté

Pour 2 pains

Temps de préparation : 30 minutes
Temps de fermentation : 39 heures
Temps de cuisson : 1 h 15

15 g de levure fraîche
(ou 7 g de levure sèche) de boulanger
60 cl de lait fermenté
600 g de farine de seigle
10 cl d'eau tiède
250 g de farine de blé de type 55
(+ 50 g pour le travail)
2 cuillerées à café de sel fin
(15 g de beurre pour les moules)

Dans un saladier, versez la levure. Délayez-la dans 10 centilitres de lait fermenté froid. Ajoutez 50 grammes de farine de seigle. Mélangez. Couvrez la pâte d'un linge. Laissez-la fermenter 12 heures à température ambiante (20 °C).
Incorporez à la pâte 10 centilitres d'eau tiède et 50 grammes de farine de seigle. Mélangez. Couvrez la pâte d'un linge et laissez-la à nouveau fermenter 12 heures.
Ce temps écoulé, ajoutez le reste de lait et de farine de seigle, la farine de blé et le sel. Mélangez, puis pétrissez jusqu'à l'obtention d'une pâte souple et lisse. Ramassez-la en boule. Couvrez-la d'un linge et laissez-la lever 12 heures dans une pièce fraîche (12 °C).
Sur le plan de travail fariné, pétrissez à nouveau la pâte. Divisez-la en deux et façonnez des pains longs. Placez-les dans des moules légèrement beurrés. Couvrez-les d'un linge et laissez-les lever 3 heures à température ambiante (20 °C).
Avec un cutter, incisez la surface des pains et glissez-les dans le four froid. Faites cuire 1 h 15 à 210 °C (th. 7). Démoulez, puis laissez refroidir sur une grille.

Une fermentation lente doublée d'une cuisson débutée à froid garantit au pain une longue conservation. Avec sa mie dense et serrée, il accompagne très bien les poissons fumés.

Pain de Toscane

Pour 1 gros pain

Temps de préparation : 30 minutes
Temps de fermentation : 45 minutes
Temps de repos : 15 minutes
Temps de cuisson : 1 heure

15 g de levure fraîche
(ou 7 g de levure sèche) de boulanger
45 cl d'eau chaude (40 °C)
+ 1 cuillerée à soupe d'eau tiède
450 g de farine de blé de type 55
(+ 50 g pour le travail et la plaque)
1/2 cuillerée à café de sucre
1 pincée de sel fin
100 g de farine de blé complète

Dans un saladier, versez la levure. Délayez-la dans 5 centilitres d'eau chaude. Laissez reposer 15 minutes, puis ajoutez le reste d'eau chaude, la farine de type 55, le sucre et le sel. Mélangez. Travaillez la pâte en y incorporant la farine complète. Ramassez-la en boule, saupoudrez-la de farine et couvrez-la d'un linge. Laissez-la lever 45 minutes dans un endroit chaud (25 à 28 °C).

Préchauffez le four à 200 °C (th. 6/7). Pétrissez la pâte sur le plan de travail fariné en l'étirant et en la pliant sur elle-même plusieurs fois. Formez un long et gros cylindre. Posez-le sur la plaque du four farinée. Incisez sa surface avec un cutter, puis badigeonnez-la d'eau tiède avec un pinceau. Faites cuire 1 heure. Laissez refroidir sur une grille.

Pain irlandais

Pour 1 pain

Temps de préparation : 30 minutes
Temps de cuisson : 45 minutes

300 g de farine de blé complète
200 g de farine de blé de type 55
(+ 50 g pour le travail)
1 cuillerée à café de bicarbonate de soude
10 g de sel fin
20 cl de lait
10 cl de yaourt nature
(1 cuillerée à soupe d'huile pour la cocotte)

Dans un saladier, mélangez la farine complète, la farine de type 55, le bicarbonate de soude et le sel. Faites un puits au centre du saladier. Dans une terrine, battez le lait avec le yaourt. Versez progressivement ce mélange dans le puits, tout en remuant. Travaillez la pâte obtenue à la main jusqu'à ce qu'elle soit souple et parfaitement homogène. Ramassez-la en boule.

Préchauffez le four à 200 °C (th. 6/7). Glissez-y une cocotte en fonte huilée. Laissez-la chauffer 10 minutes.

Aplatissez la pâte pour lui donner un diamètre légèrement inférieur à celui de la cocotte et incisez sa surface en croix. Placez-la dans le récipient brûlant. Couvrez la cocotte. Remettez-la dans le four. Le bicarbonate de soude, en dégageant du gaz carbonique sous l'action de la chaleur, fera lever directement le pain dans le four. Laissez cuire 45 minutes. Après 25 minutes de cuisson, retirez le couvercle pour que le pain dore. Laissez-le refroidir sur une grille.

Vous apprécierez davantage ce pain irlandais si vous utilisez une farine complète à mouture grossière. Vous le servirez frais, le jour de sa cuisson, voire grillé le lendemain, avec du beurre demi-sel. Un délice d'initiés...

Tortillas

Pour 12 tortillas environ

Temps de préparation : 1 heure
Temps de fermentation : 1 heure
Temps de cuisson : 25 minutes

250 g de farine de maïs fraîche
250 g de farine de blé de type 55
(+ 50 g pour le travail)
5 g de sel fin
30 cl d'eau froide
(3 cuillerées à soupe d'huile pour la galettière)

Dans un saladier, mélangez la farine de maïs, la farine de blé et le sel. Ajoutez progressivement l'eau froide, tout en remuant. Travaillez la pâte obtenue jusqu'à ce qu'elle soit ferme et se détache des parois du saladier. Couvrez-la d'un linge humide et laissez-la lever 1 heure.
Divisez la pâte en une douzaine de pâtons, chacun de 40 grammes environ. Entre vos mains farinées, façonnez des petites boules, puis étalez-les le plus finement possible sur le plan de travail fariné.

Faites chauffer une galettière et dorez-y les tortillas des deux côtés 1 à 2 minutes. Pour les maintenir chaudes, placez-les aussitôt dans le four à 100 °C (th. 3/4), enveloppée d'un papier en aluminium.

Les tortillas sont à la base de nombreux plats mexicains comme les enchiladas (tortillas fourrées de poulet, de haricots et gratinées au fromage) ou les tosdadas (tortillas frites, garnies de sauce à l'avocat). À défaut de galettière, utilisez une poêle à revêtement anti-adhésif non graissée.

Pain complet danois

Pour 1 pain

Temps de préparation : 30 minutes
Temps de fermentation : 6 heures
Temps de cuisson : 45 minutes

500 g de farine de blé de type 55
(+ 50 g pour le travail)
230 g de farine de blé complète
15 g de levure fraîche (ou 7 g de levure sèche) de boulanger
50 cl d'eau tiède
10 g de gros sel de mer
(10 g de beurre pour le moule)

Dans un saladier, mélangez 400 grammes de farine de type 55 et la farine complète. Dans un bol, versez la levure. Délayez-la dans 10 centilitres d'eau tiède. Dans un autre bol, mettez le sel. Faites-le fondre dans le reste d'eau. Versez la levure délayée et l'eau salée sur le mélange de farines. Travaillez la pâte. Lorsqu'elle se détache des parois du saladier, ramassez-la en boule et saupoudrez-la du reste de farine complète. Couvrez-la d'un linge et laissez-la lever 3 heures.
Sur le plan de travail fariné, pétrissez la pâte en l'étirant et en la pliant sur elle-même plusieurs fois. Remettez-la dans le saladier et incorporez le reste de farine de type 55. Formez un long cylindre. Placez-le dans un moule légèrement beurré et couvrez-le d'un linge. Laissez lever à nouveau pendant 3 heures.
Préchauffez le four à 240 °C (th. 8). Faites cuire 45 minutes en veillant à baisser la température du four à 150 °C (th. 5) après 15 minutes de cuisson. Démoulez sur une grille et laissez refroidir.

Cuit dans un moule, ce pain se coupera facilement en fines tranches, parfaites pour les fameux smörbröds des pays scandinaves, ces tartines beurrées et garnies de harengs, fromages, charcuteries ou viandes fumées.

Pain de pommes de terre

Pour 1 pain

Temps de préparation : 30 minutes
Temps de fermentation : 4 heures
Temps de cuisson : 1 h 20

200 g de pommes de terre
10 g de levure fraîche
(ou 5 g de levure sèche) de boulanger
5 cl d'eau tiède
400 g de farine de blé de type 55
(+ 50 g pour le travail)
100 g de farine de seigle
5 g de sel fin
(10 g de beurre pour le moule)

Faites cuire les pommes de terre en robe des champs, à la vapeur, 25 à 30 minutes, dans une cocotte. Pelez-les encore chaudes, puis moulinez-les finement avec le moulin à légumes.
Dans un bol, versez la levure. Délayez-la dans 5 centilitres d'eau tiède.
Dans un saladier, déposez la purée de pommes de terre tiédie et ajoutez 250 grammes de farine de blé, la farine de seigle, le sel et la levure délayée. Mélangez en incorporant progressivement le reste de farine de blé. Pétrissez la pâte. Lorsqu'elle est souple et ne colle plus, ramassez-la en boule. Couvrez-la d'un linge et laissez-la lever 3 heures.
Sur le plan de travail fariné, pétrissez la pâte, étirez-la et pliez-la sur elle-même plusieurs fois. Façonnez-la en un long cylindre. Déposez-la dans un moule beurré. Couvrez-la et laissez-la lever 1 heure.
Préchauffez le four à 220 °C (th. 7/8). Piquez la surface du pain à la fourchette avant de l'enfourner. Faites cuire 50 minutes. Démoulez et laissez refroidir sur une grille.

En stimulant l'action de la levure, les pommes de terre apportent corps et moelleux à ce pain rustique, délicieux tartiné de beurre salé et de harengs marinés ou fumés.

Pain à la farine de châtaignes

Pour 1 pain

Temps de préparation : 30 minutes
Temps de fermentation : 2 h 30
Temps de repos : 30 minutes
Temps de cuisson : 1 heure

12 g de levure fraîche
(ou 5 g de levure sèche) de boulanger
25 cl d'eau tiède + 5 cl d'eau chaude
300 g de farine de blé de type 55
(+ 50 g pour le travail)
10 g de gros sel
200 g de farine de châtaignes
(1 cuillerée d'huile pour la plaque)

Dans un bol, versez la levure. Délayez-la dans 5 centilitres d'eau tiède. Ajoutez 2 cuillerées à soupe de farine de blé. Laissez reposer 30 minutes.
Dans un autre bol, mettez le sel. Faites le fondre dans 5 centilitres d'eau chaude. Laissez tiédir.
Dans un saladier, mélangez le reste de farine de blé, la farine de châtaignes, le sel dissous, le reste d'eau et le petit levain préalablement préparé. Mélangez et pétrissez jusqu'à l'obtention d'une pâte souple. Ramassez-la en boule. Couvrez-la d'un linge. Laissez-la lever environ 2 heures.
Sur le plan de travail fariné, déposez la pâte et formez un pain rond. Mettez-le sur la plaque du four huilée. Couvrez-le et laissez-le lever 30 minutes.
Préchauffez le four à 240 °C (th. 8). Incisez la surface du pain en croix avec un cutter. Faites cuire 1 heure en veillant à baisser la température du four à 180 °C (th. 6) après 10 minutes de cuisson. Laissez refroidir le pain sur une grille.

La charcuterie italienne et corse ainsi que les fromages de brebis bien affinés s'accordent à merveille avec ce pain dense très savoureux. Vous l'apprécierez également avec les soupes de légumes.

Bretzels

Pour 10 bretzels

Temps de préparation : 45 minutes
Temps de fermentation : 2 h 30
Temps de cuisson : 25 minutes

20 g de levure fraîche
(ou 10 g de levure sèche) de boulanger
30 cl d'eau tiède
600 g de farine de blé de type 55
(+ 50 g pour le travail et les plaques)
15 g de sel fin
10 g de sucre
2 cuillerées à soupe d'huile
1 œuf
Gros sel

Préparez un levain. Dans une terrine, versez 10 grammes de levure fraîche (ou 5 grammes de levure sèche). Délayez-la dans 10 centilitres d'eau tiède. Ajoutez 200 grammes de farine. Mélangez. Couvrez la pâte d'un linge et laissez-la fermenter 1 heure.
Dans un bol, versez le reste de levure. Délayez-la dans 5 centilitres d'eau tiède.
Dans un saladier, mélangez le reste de farine avec le sel fin, le sucre, le reste d'eau et le levain. Mélangez le tout en incorporant progressivement l'huile. Travaillez la pâte. Lorsqu'elle est souple et lisse, ramassez-la en boule. Couvrez-la d'un linge. Laissez-la lever 1 heure.
Sur le plan de travail fariné, pétrissez la pâte. Divisez-la en dix. Façonnez des pâtons cylindriques fins et longs de 40 centimètres. Avec chaque pâton, formez une boucle : le nœud doit se situer à 10 centimètres environ de chacune des extrémités de la boucle. Ramenez ensuite les extrémités à l'intérieur de la boucle. Renouvelez l'opération pour tous les pâtons. Déposez les bretzels sur deux plaques farinées. Couvrez-les d'un linge et laissez-les lever 30 minutes. Préchauffez le four à 210 °C (th. 7).
À l'aide d'un pinceau, badigeonnez les bretzels de l'œuf battu pour les faire dorer. Parsemez de gros sel. Faites cuire 25 minutes.

Commun en Allemagne, en Alsace et aux États-Unis, ce pain bien croquant est très apprécié servi avec une bière. Fait maison, il est bien sûr incomparable. Pour des bretzels mous, il suffit de les pocher quelques instants à l'eau frémissante avant de terminer leur cuisson au four.

Challah

Pour 1 challah

Temps de préparation : 30 minutes
Temps de fermentation : 3 heures
Temps de cuisson : 50 minutes

15 g de levure fraîche
(ou 7 g de levure sèche) de boulanger
35 cl d'eau tiède
550 g de farine de blé de type 55
(+ 50 g pour le travail)
40 g de sucre en poudre
5 cl d'huile
10 g de sel fin
1 œuf
1 cuillerée à soupe de graines de sésame
ou de pavot
(15 g de beurre pour la plaque)

Dans un saladier, versez la levure. Délayez-la dans 15 centilitres d'eau tiède. Ajoutez 50 grammes de farine, le sucre et l'huile. Mélangez. Laissez la pâte fermenter 30 minutes. Délayez ce levain avec le reste d'eau tiède. Incorporez le reste de farine, le sel et la moitié de 1 œuf battu (réservez l'autre moitié pour dorer le pain). Travaillez la pâte. Lorsqu'elle est souple et élastique, ramassez-la en boule. Couvrez-la d'un linge et laissez-la lever 1 h 30 au chaud.
Sur le plan de travail fariné, pétrissez à nouveau la pâte. Ramassez-la en boule, couvrez-la d'un linge et laissez-la lever 30 minutes. Divisez la pâte en trois. Façonnez des pâtons cylindriques longs et fins. Déposez-les sur le plan de travail fariné et réalisez une tresse, en la commençant au centre des cylindres. Tressez la première moitié des cylindres, puis la seconde. Pincez les extrémités et repliez-les. Sur la plaque du four beurrée, déposez la tresse. À l'aide d'un pinceau, badigeonnez-la avec le reste de l'œuf battu. Parsemez-la, au choix, de graines de sésame ou de pavot. Couvrez-la et laissez-la lever 30 minutes.
Préchauffez le four à 180 °C (th. 6).
Faites cuire 50 minutes.

Le plus souvent tressé, le challah peut aussi prendre la forme de trois miches rondes que vous déposerez côte à côte dans un moule long beurré.

Pain de semoule marocain

Pour 1 gros pain

Temps de préparation : 30 minutes
Temps de fermentation : 3 heures
Temps de cuisson : 25 minutes

15 g de levure fraîche
(ou 7 g de levure sèche) de boulanger
25 cl d'eau tiède
300 g de farine de blé de type 55
(+ 50 g pour le travail et la plaque)
1 cuillerée à café d'huile d'olive
1 petite gousse d'ail
200 g de semoule de blé fine
10 g de sel fin

Dans un saladier, versez 5 grammes de levure fraîche (ou la moitié de levure sèche). Délayez-la dans 10 centilitres d'eau tiède. Incorporez 100 grammes de farine et l'huile d'olive. Mélangez. Insérez la gousse d'ail pelée entière dans la pâte. Couvrez la pâte d'un linge et laissez-la fermenter 2 heures. Retirez la gousse d'ail.
Dans un bol, versez le reste de levure fraîche. Délayez-la dans 15 centilitres d'eau tiède. Ajoutez le reste de farine et la semoule dans le saladier contenant le levain. Incorporez la levure délayée, puis le sel. Travaillez la pâte. Lorsqu'elle est souple et élastique, ramassez-la en boule et couvrez-la d'un linge. Laissez-la lever 30 minutes dans un endroit chaud.
Sur le plan de travail fariné, pétrissez à nouveau la pâte. Façonnez un pain rond et plat. Couvrez-le d'un linge et laissez-le lever 30 minutes dans un endroit chaud.
Préchauffez le four à 210 °C (th. 7). Au moment d'enfourner le pain, piquez-en la surface plusieurs fois avec un couteau. Faites cuire 25 minutes.

Le pain est l'aliment de base des familles marocaines. Il peut être parfumé soit de graines de sésame et de grains d'anis (1 cuillerée à café de chaque), soit de graines de cumin ou de carvi (2 cuillerées à café). Ces épices sont ajoutées à la pâte lors du pétrissage.

Petits pains au yaourt

Pour 12 petits pains

Temps de préparation : 20 minutes
Temps de cuisson : 20 minutes

1 œuf
1 cuillerée à soupe de lait
400 g de farine de blé de type 55
10 g de levure chimique
10 g de sucre en poudre
5 g de sel fin
25 cl de yaourt nature
2 cuillerées à soupe d'huile d'olive
(15 g de beurre pour la plaque)

Préchauffez le four à 220 °C (th. 7/8). Battez l'œuf dans un bol avec 1 cuillerée à soupe de lait.
Dans un saladier, mélangez la farine, la levure chimique, le sucre et le sel. Creusez un puits. Versez-y le yaourt et l'huile d'olive. Du bout des doigts, ramenez peu à peu le mélange farine-levure-sucre-sel sur l'huile et le yaourt. Pétrissez la pâte obtenue en l'étirant et en la pliant sur elle-même plusieurs fois jusqu'à ce qu'elle se détache des parois du saladier.
Divisez la pâte en douze. Façonnez des petits pains ronds. Déposez-les sur la plaque du four légèrement beurrée. À l'aide d'un pinceau, badigeonnez les petits pains de l'œuf battu pour qu'ils dorent. Faites cuire 20 minutes.

Avec la levure chimique, les petits pains lèvent directement dans le four. Servez-les encore tièdes, avec du beurre et de la confiture, ou froids, fourrés de fromage frais aux herbes et de saumon fumé.

LES PAINS GARNIS

Fougasse aux grattons

Pour 2 fougasses

Temps de préparation : 45 minutes
Temps de fermentation : 26 heures
Temps de cuisson : 25 minutes

10 g de levure fraîche
(ou 5 g de levure sèche) de boulanger
50 cl d'eau tiède
650 g de farine de blé de type 55
(+ 50 g pour le travail et la plaque)
10 g de sel fin
2 cuillerées à soupe d'huile d'olive fruitée
250 g de grattons

Préparez un levain. Dans une terrine, versez la levure. Délayez-la dans 15 centilitres d'eau tiède. Ajoutez 75 grammes de farine et mélangez. Couvrez la pâte d'un linge. Laissez-la lever 12 heures.
Incorporez 75 grammes de farine et 10 centilitres d'eau tiède à la pâte fermentée. Mélangez, couvrez et laissez lever encore 12 heures.
Ce temps écoulé, préparez la pâte à pain : dans un grand saladier, mélangez le reste de farine avec le sel, l'huile d'olive et 25 centilitres d'eau tiède. Ajoutez le levain. Travaillez la pâte. Lorsqu'elle est souple et élastique, ramassez-la en boule. Couvrez-la d'un linge et laissez-la lever 1 h 30.
Coupez les grattons en petits dés. Faites-les revenir 3 à 4 minutes dans une poêle à revêtement anti-adhésif non graissée, puis déposez-les sur du papier absorbant.
Sur le plan de travail fariné, pétrissez à nouveau la pâte en y incorporant les grattons refroidis et farinés. Divisez-la en 2 pâtons. Étalez-les de manière à former des rectangles. Déposez-les sur la plaque du four farinée. Incisez profondément leur surface de plusieurs coups de couteau. Couvrez ces fougasses d'un linge et laissez-les lever 30 minutes.
Préchauffez le four à 240 °C (th. 8). Faites cuire 25 minutes.

Cette spécialité du Languedoc s'apprécie pleinement avec un verre de Frontignan.

Fougasse aux olives et aux herbes de Provence

Pour 1 fougasse

Temps de préparation : 30 minutes
Temps de fermentation : 24 heures
Temps de cuisson : 25 minutes

10 g de levure fraîche
(ou 5 g de levure sèche) de boulanger
30 cl d'eau tiède
500 g de farine de blé de type 55
(+ 50 g pour le travail)
5 g de sel fin
2 cuillerées à soupe d'huile d'olive
(+ 1 cuillerée à soupe pour la plaque)
100 g d'olives noires dénoyautées
2 cuillerées à café d'herbes de Provence

Préparez un levain. Dans une terrine, versez la levure. Délayez-la dans 5 centilitres d'eau tiède. Ajoutez 50 grammes de farine et mélangez. Couvrez la pâte d'un linge. Laissez-la fermenter 12 heures dans un endroit frais (15 °C).
Versez le reste de farine dans un saladier. Ajoutez le sel, 1 cuillerée à soupe d'huile d'olive, le levain et 25 centilitres d'eau tiède. Mélangez. Travaillez la pâte. Lorsqu'elle est lisse et souple, ramassez-la en boule et couvrez-la d'un linge humide. Laissez-la lever 1 h 30 dans un endroit chaud.
Sur le plan de travail fariné, pétrissez à nouveau la pâte en y incorporant les olives et 1 cuillerée à café d'herbes de Provence. Étalez-la de manière à former un rectangle. Déposez-le sur une plaque huilée. Incisez profondément sa surface de plusieurs coups de couteau et badigeonnez-la du reste d'huile. Parsemez cette fougasse d'herbes de Provence. Couvrez-la d'un linge humide. Laissez-la lever 30 minutes dans un endroit chaud.
Préchauffez le four à 240 °C (th. 8). Faites cuire 25 minutes.

Si les olives sont très salées, faites-les blanchir préalablement quelques instants dans de l'eau bouillante, puis rafraîchissez-les et égouttez-les soigneusement.

Bagels aux oignons

Pour 20 bagels

Temps de préparation : 30 minutes
Temps de fermentation : 3 heures
Temps de cuisson : 30 minutes

25 cl de lait
60 g de beurre
20 g de sucre en poudre
15 g de levure fraîche
(ou 7 g de levure sèche) de boulanger
400 g de farine de blé de type 55
(+ 50 g pour le travail)
1 blanc d'œuf + 1 œuf
10 g de sel
2 oignons
(1 cuillerée à soupe d'huile pour la plaque)

Dans une casserole, chauffez le lait avec 40 grammes de beurre et le sucre à feu doux. Lorsque le beurre a fondu, versez la préparation dans un saladier. Laissez-la tiédir avant d'y délayer la levure. Ajoutez la farine, le blanc d'œuf et le sel. Mélangez. Travaillez la pâte jusqu'à ce qu'elle soit souple. Ramassez-la en boule, couvrez-la d'un linge et laissez-la lever 2 h 30.
Pelez et émincez les oignons. Faites-les suer 2 à 3 minutes dans une poêle avec 20 grammes de beurre.
Sur le plan de travail fariné, pétrissez la pâte en y incorporant les oignons refroidis. Divisez-la en deux cylindres. Coupez chacun en 10 parts. Entre vos mains farinées, façonnez des boules et creusez-les en leur milieu pour former des anneaux. Couvrez-les d'un linge. Laissez-les lever 30 minutes.
Préchauffez le four à 180 °C (th. 6). Faites pocher les bagels 20 secondes dans une casserole d'eau frémissante, puis égouttez-les sur du papier absorbant. Déposez-les sur la plaque du four huilée. À l'aide d'un pinceau, badigeonnez leur surface de l'œuf battu. Terminez leur cuisson 25 minutes dans le four.

Ce petit pain d'origine juive peut être parfumé à la cannelle, enrichi de raisins secs, garni de graines de pavot ou de sésame...
À New York, il est très apprécié fourré de fromage crémeux et de saumon.

Nans au fromage ou galettes levées à l'indienne

Pour 6 galettes

Temps de préparation : 30 minutes
Temps de fermentation : 2 heures
Temps de cuisson : 10 minutes

1 cuillerée à café de sucre
6 cl d'eau tiède
15 g de levure fraîche
(ou 7 g de levure sèche) de boulanger
1 œuf
60 g de beurre
40 cl de lait
500 g de farine de blé de type 55
(+ 50 g pour le travail)
1 cuillerée à café de sel
180 g de fromage frais

Dans un bol, versez le sucre. Diluez-le dans 6 centilitres d'eau tiède. Délayez-y la levure. Dans un autre bol, battez l'œuf.
Dans des casseroles, faites fondre le beurre à feux doux et faites tiédir le lait.
Dans un saladier, mélangez la farine et le sel. Incorporez la levure délayée dans l'eau sucrée, le beurre fondu tiédi, l'œuf battu et le lait. Mélangez. Pétrissez la pâte sur le plan de travail fariné. Ramassez-la en boule. Remettez-la dans le saladier. Couvrez-la d'un linge humide et laissez-la lever 2 heures.
Préchauffez le four à 230 °C (th. 7/8). Glissez-y une plaque de cuisson.
Sur le plan de travail, pétrissez à nouveau la pâte en l'étirant et en la pliant sur elle-même plusieurs fois. Divisez-la en six et façonnez des boules. Aplatissez-les avec la paume de la main pour former des galettes ovales. Ouvrez-les et, dans chacune, glissez 30 grammes de fromage frais. Déposez-les sur la plaque du four très chaude. Faites cuire 10 minutes. Servez sans attendre.

Parfois parfumées de graines d'anis vert ou de pavot, souvent enduites de beurre clarifié à la sortie du four, ces galettes accompagnent à merveille les currys et la plupart des plats indiens.

Pain aux noix

Pour 2 pains

Temps de préparation : 30 minutes
Temps de fermentation : 2 heures
Temps de cuisson : 35 minutes

15 g de levure fraîche
(ou 7 g de levure sèche) de boulanger
25 cl d'eau tiède
350 g de farine de blé complète
(+ 50 g pour le travail)
7 g de sel fin
90 g de cerneaux de noix
10 g de lait en poudre
(15 g de beurre pour les moules)

Dans un bol, versez la levure. Délayez-la dans 5 centilitres d'eau tiède.
Dans un saladier, mélangez la farine, le sel, les cerneaux de noix hachés, le lait en poudre, 20 centilitres d'eau tiède et la levure délayée.
Travaillez la pâte obtenue en l'étirant et en la pliant sur elle-même plusieurs fois. Elle doit être ferme. Ramassez-la en boule.
Couvrez-la d'un linge. Laissez-la lever 1 heure.
Sur le plan de travail fariné, pétrissez à nouveau la pâte. Formez 2 boules, ou 2 cylindres. Placez-les dans des moules légèrement beurrés. Couvrez-les d'un linge et laissez-les lever 1 heure.
Préchauffez le four à 240 °C (th. 8).
Faites cuire 35 minutes.
Démoulez et laissez refroidir sur une grille.

Ce pain servait autrefois à la dégustation des vins. Il accompagne également très bien les fromages. Vous pouvez aussi panacher noix et raisins secs ou fourrer les pains d'un mélange de fruits secs. Pour des petits pains, comptez 15 à 20 minutes de cuisson.

Pain au müesli

Pour 1 pain

Temps de préparation : 30 minutes
Temps de fermentation : 4 h 30
Temps de cuisson : 1 heure

20 g de levure fraîche
(ou 10 g de levure sèche) de boulanger
30 cl d'eau tiède
25 g de beurre fondu
150 g de müesli
200 g de farine de blé complète
250 g de farine de blé de type 55
(+ 50 g pour le travail)
10 g de sel fin
(10 grammes de beurre pour le moule)

Dans un bol, versez la levure. Délayez-la dans 10 centilitres d'eau tiède. Dans une casserole, faites fondre le beurre à feux doux. Dans un saladier, versez 100 grammes de müesli et incorporez la levure délayée. Ajoutez la farine complète, la farine de type 55, le sel, le beurre fondu tiédi et le reste d'eau. Mélangez. Travaillez la pâte jusqu'à ce qu'elle soit souple, mais assez ferme. Ramassez-la en boule. Saupoudrez-la de farine et couvrez-la d'un linge. Laissez-la lever pendant 3 heures.
Sur le plan de travail fariné, pétrissez la pâte en l'étirant et en la pliant sur elle-même plusieurs fois. Formez un pain long. Mettez-le dans un moule à pain rectangulaire légèrement beurré. Couvrez-le d'un linge et laissez-le lever 1 h 30.
Préchauffez le four à 180 °C (th. 6). Parsemez la surface du pain du reste de muësli. Faites cuire 1 heure.
Démoulez, puis laissez refroidir sur une grille.

Pour ce pain nourrissant, délicieux avec du beurre et du miel, préférez un müesli sans sucre ajouté.

Pain de maïs aux sardines

Pour 2 pains

Temps de préparation : 30 minutes
Temps de fermentation : 1 h 30
Temps de cuisson : 35 minutes

15 g de levure fraîche
(ou 7 g de levure sèche) de boulanger
35 cl d'eau tiède
10 g de gros sel de mer
350 g de farine de maïs
150 g de farine de blé de type 55
(+ 50 g pour le travail)
8 sardines fraîches
1 cuillerée à soupe d'huile d'olive fruitée
(+ 1 cuillerée à soupe pour la plaque)

Dans un bol, versez la levure. Délayez-la dans 30 centilitres d'eau tiède.
Dans un saladier, mettez le sel. Faites-le fondre dans 5 centilitres d'eau tiède. Ajoutez la farine de maïs, la farine de blé, l'huile d'olive et la levure délayée. Mélangez. Travaillez la pâte. Lorsqu'elle est souple et se détache des parois du saladier, ramassez-la en boule. Couvrez-la d'un linge. Laissez-la lever 1 heure dans un endroit chaud.
Sur le plan de travail fariné, pétrissez la pâte en l'étirant et en la pliant sur elle-même plusieurs fois. Divisez-la en deux. Formez des pains ronds et aplatissez-les (la pâte est légèrement friable). Sur chacun, déposez tête-bêche 4 sardines écaillées et vidées, puis repliez la pâte.
Couvrez les pains d'un linge. Laissez-les lever 30 minutes dans un endroit chaud.
Préchauffez le four à 240 °C (th. 8).
Placez les pains sur la plaque de cuisson huilée et incisez leur surface avec un cutter.
Faites cuire 35 minutes.

Ce pain peut aussi être farci de chorizo portugais cuit directement dans la pâte, comme les sardines. Il fait office de repas et se mange chaud. Nature, il est toujours proposé en accompagnement du caldo verde, *une soupe au chou typiquement portugaise.*

Pizza

Pour 1 pizza

Temps de préparation : 30 minutes
Temps de fermentation : 1 h 30
Temps de cuisson : 15 minutes

Pour la pâte

10 g de levure fraîche
(ou 5 g de levure sèche) de boulanger
20 cl d'eau tiède
400 g de farine de blé de type 55
(+ 50 g pour le travail et la plaque)
5 g de sel fin
2 cuillerées à soupe d'huile d'olive

Pour la garniture

500 g de tomates bien mûres
2 tomates séchées à l'huile
(ou 1 cuillerée à soupe de concentré de tomates)
2 cuillerées à soupe d'huile d'olive
1 cuillerée à soupe d'origan
Sel, poivre

Préparez la pâte. Dans un bol, versez la levure. Délayez-la dans 5 centilitres d'eau tiède.
Dans un saladier, mélangez la farine, le sel, l'huile d'olive, le reste d'eau tiède et la levure délayée. Pétrissez la pâte jusqu'à ce qu'elle soit souple. Ramassez-la en boule. Couvrez-la d'un linge et laissez-la lever 1 h 30 dans un endroit chaud.
Préparez la garniture. Pelez les tomates, épépinez-les et coupez-les en dés. Déposez-les sur du papier absorbant. Émincez les tomates séchées (ou choisissez le concentré de tomates).
Préchauffez le four à 240 °C (th. 8).
Glissez-y une plaque de cuisson ou une pierre plate.
Sur le plan de travail fariné, pétrissez à nouveau la pâte. Étalez-la avec le rouleau à pâtisserie et donnez-lui une forme ronde d'une épaisseur de 3 à 5 millimètres. Pincez-en le bord pour que la garniture ne s'échappe pas. Recouvrez la pâte des tomates séchées émincées ou étalez le concentré. Ajoutez les tomates coupées en dés, l'huile d'olive, parsemez d'origan et assaisonnez de sel et de poivre.
D'un coup sec, faites glisser la pizza sur la plaque du four farinée (ou la pierre) préchauffée. Faites cuire 15 minutes et servez aussitôt. Assaisonnez d'huile au piment.

Toutes les garnitures, bien sûr, restent permises pour ce grand classique de la cuisine italienne.

Pissaladière à la tomate

Pour 1 pissaladière

Temps de préparation : 30 minutes
Temps de fermentation : 1 h 30
Temps de cuisson : 45 minutes

Pour la pâte

10 g de levure fraîche (ou 5 g de levure sèche) de boulanger
20 cl d'eau tiède
400 g de farine de blé de type 55
(+ 50 g pour le travail et la plaque)
2 cuillerées à soupe d'huile d'olive
5 g de sel fin

Pour la garniture

1 kg d'oignons
3 tomates
5 cuillerées à soupe d'huile d'olive
2 gousses d'ail
1 cuillerée à café de thym effeuillé
10 g de sucre
12 filets d'anchois au sel
12 olives noires
Sel, poivre

Préparez la pâte. Dans un bol, versez la levure. Délayez-la dans 5 centilitres d'eau tiède.
Dans un saladier, mélangez la farine, l'huile d'olive, le reste d'eau tiède, la levure délayée et le sel. Pétrissez la pâte. Lorsqu'elle est souple, ramassez-la en boule. Couvrez-la d'un linge et laissez-la lever 1 h 30 dans un endroit chaud.
Préparez la garniture. Pelez et émincez les oignons. Faites-les étuver 30 minutes dans une casserole avec 2 tomates pelées, épépinées et concassées, 4 cuillerées à soupe d'huile d'olive, l'ail écrasé, le thym, le sucre, du sel et du poivre.
Placez les filets d'anchois dans une passoire et mettez-les à dessaler sous un filet d'eau froide, puis épongez-les avec du papier absorbant.Coupez 1 tomate en fins quartiers.
Préchauffez le four à 210 °C (th. 7). Sur le plan de travail fariné, pétrissez à nouveau la pâte. Étalez-la avec le rouleau à pâtisserie en formant un grand rectangle. Déposez-le sur la plaque du four farinée. Festonnez son bord et huilez-le. Recouvrez la pâte de la fondue d'oignons refroidie. Disposez les filets d'anchois, les quartiers de tomate et les olives. Faites cuire 25 minutes.

Spécialité niçoise, la pissaladière connaît quelques variantes : les filets d'anchois peuvent être remplacés par 1 cuillerée à soupe de purée d'anchois, laquelle est étalée sur la pâte en fine couche avant la fondue d'oignons.

Flammenküche

Pour 1 flammenküche

Temps de préparation : 30 minutes
Temps de fermentation : 2 heures
Temps de cuisson : 15 minutes

Pour la pâte

10 g de levure fraîche
(ou 5 g de levure sèche) de boulanger
20 cl d'eau tiède
400 g de farine de blé de type 55
(+ 50 g pour le travail et la plaque)
5 g de sel fin

Pour la garniture

4 oignons
40 g de beurre
20 cl de crème épaisse
150 g de lardons fumés
1 cuillerée à soupe d'huile de colza
Sel, poivre

Préparez la pâte. Dans un bol, versez la levure. Délayez-la dans 5 centilitres d'eau tiède.
Dans un saladier, mélangez la farine, le sel, le reste d'eau tiède et la levure délayée. Pétrissez la pâte jusqu'à ce qu'elle soit souple. Ramassez-la en boule.
Couvrez-la d'un linge et laissez-la lever 2 heures dans un endroit chaud.
Préparez la garniture. Pelez et émincez les oignons. Faites-les suer 4 à 5 minutes avec le beurre chaud dans une poêle. Salez et poivrez, puis réservez. Dans la même poêle, faites légèrement rissoler les lardons et déposez-les sur du papier absorbant.
Préchauffez le four à 240 °C (th. 8). Sur le plan de travail fariné, pétrissez la pâte. Étalez-la avec le rouleau à pâtisserie en lui donnant une forme ronde. Déposez-la sur la plaque du four farinée et étirez-la pour la rendre la plus fine possible. Pincez-en le bord pour que la garniture ne s'échappe pas. Recouvrez-la de crème épaisse. Éparpillez les oignons et les lardons refroidis. Arrosez d'un filet d'huile de colza. Faites cuire 15 minutes et servez aussitôt.

Spécialité alsacienne, son nom signifie gâteau à la flamme. Pour la réussir, il faut obtenir une pâte la plus fine possible et la garnir rapidement afin qu'elle n'ait pas le temps de relever.

Petits pains de viande à la vapeur

Pour 12 petits pains

Temps de préparation : 1 heure
Temps de fermentation : 1 heure
Temps de repos : 10 minutes
Temps de cuisson : 10 minutes

Pour la pâte

100 g de sucre en poudre
10 cl d'eau
15 g de levure fraîche
(ou 7 g de levure sèche) de boulanger
500 g de farine (+ 50 g pour le travail)
1 pincée de sel
(2 cuillerées à soupe d'huile
pour la cocotte)

Pour la farce

250 g de rôti de porc cuit
3 ciboules
2 cuillerées à soupe d'huile
1 cuillerée à café de sucre
1 cuillerée à soupe de fécule de riz
(ou de Maïzena)
1 cuillerée à soupe d'eau froide
2 cuillerées à café de sauce de soja
2 pincées de cinq-épices

Préparez la pâte. Dans un bol, versez le sucre et diluez-le dans l'eau tiède. Délayez-y la levure. Laissez reposer 10 minutes.
Dans un saladier, mélangez la farine, le sel et la levure délayée dans l'eau sucrée. Pétrissez la pâte obtenue en l'étirant et en la pliant sur elle-même plusieurs fois. Ramassez-la en boule. Couvrez-la d'un linge humide et laissez-la lever 1 heure.
Pendant ce temps, préparez la farce. Hachez le porc au mixeur. Faites revenir les ciboules émincées 1 minute dans de l'huile chaude à la poêle. Ajoutez le porc et saupoudrez de sucre. Poursuivez la cuisson 30 secondes en mélangeant. Mettez la fécule (ou la Maïzena) dans un bol. Délayez-la dans 1 cuillerée à soupe d'eau froide. Versez-la dans la poêle avec la sauce de soja et 2 pincées de cinq-épices. Faites épaissir 30 secondes, tout en remuant, puis laissez refroidir.
Sur le plan de travail fariné, pétrissez la pâte. Façonnez un gros cylindre. Divisez-le en 12 pâtons. Avec la paume de votre main, aplatissez-les pour former des galettes. Déposez un peu de farce au centre des galettes et repliez-les en aumonière.
Faites cuire ces petits pains 10 minutes à la vapeur, dans le panier d'une cocotte huilée. Proposez-les chauds et servez-les accompagnés de sauce de soja.

Pain au roquefort

Pour 1 pain

Temps de préparation : 30 minutes
Temps de fermentation : 4 heures
Temps de cuisson : 25 minutes

10 g de levure fraîche
(ou 5 g de levure sèche) de boulanger
30 cl d'eau tiède
500 g ou de farine de blé de type 55
(+ 50 g pour le travail)
5 g de sel fin
150 g de roquefort
(1 cuillerée à soupe d'huile pour la plaque)

Préparez un levain. Dans une terrine, versez la levure. Délayez-la dans 10 centilitres d'eau tiède. Ajoutez 100 grammes de farine. Couvrez d'un linge la pâte obtenue. Laissez-la fermenter 2 heures à température ambiante.
Versez le reste de farine dans un grand saladier. Ajoutez le sel, le levain et le reste d'eau. Mélangez. Travaillez la pâte jusqu'à ce qu'elle soit lisse et souple. Ramassez-la en boule. Couvrez-la d'un linge humide et laissez-la lever 1 h 30 dans un endroit chaud.

Sur le plan de travail fariné, étalez la pâte et déposez-y le roquefort grossièrement écrasé. Repliez la pâte. Placez-la sur la plaque du four huilée. Couvrez-la d'un linge humide et laissez-la lever 30 minutes dans un endroit chaud.
Préchauffez le four à 240 °C (th. 8). Faites cuire 25 minutes.

Proposez ce pain chaud et servez-le avec une salade à l'huile de noix.

LES PAINS SUCRÉS ET LA VIENNOISERIE

Pain à la banane et à la noix de coco

Pour 1 pain

Temps de préparation : 20 minutes
Temps de cuisson : 1 heure

500 g de bananes
4 œufs
250 g de beurre ramolli
(+ 15 g pour le moule)
250 g de sucre en poudre
150 g de noix de coco râpée
300 g de farine de blé de type 55
10 g de levure chimique
1/2 cuillerée à café de sel

Pelez et écrasez les bananes à la fourchette. Dans un bol, battez les œufs.
Dans un saladier, mélangez le beurre et le sucre avec un fouet. Incorporez les bananes écrasées, les œufs battus et la noix de coco râpée. Ajoutez ensuite la farine tamisée, la levure chimique et le sel. Terminez le mélange sans travailler la pâte.Préchauffez le four à 150 °C (th. 5). Déposez la pâte dans un moule à cake beurré. Faites cuire 1 heure. Laissez reposer 10 minutes avant de démouler sur une grille.

Pour une note acidulée, en accord avec les bananes, ajoutez le zeste finement râpé et le jus de 1 citron vert. Un trait de rhum ambré est aussi conseillé.

Fouace à la fleur d'oranger

Pour 2 fouaces

Temps de préparation : 30 minutes
Temps de fermentation : 2 heures
Temps de repos : 1 heure
Temps de cuisson : 25 minutes

25 cl de lait
500 g de farine de blé de type 55
(+ 50 g pour le travail)
15 g de levure fraîche
(ou 7 g de levure sèche) de boulanger
2 œufs
10 g de sel fin
50 g de sucre en poudre
150 g de beurre
(+ 30 g pour les plaques)
2 cuillerées à café d'eau de fleur d'oranger
100 g d'écorces d'orange confites
Sucre glace

Dans une casserole, chauffez le lait à feu doux. Dans un saladier, mettez la farine et creusez un puits. Versez-y la levure en pluie fine et incorporez doucement le lait tiédi. Mélangez du bout des doigts en ramenant la farine au centre du saladier. Laissez reposer la préparation 1 heure, puis, ajoutez les œufs, le sel et le sucre. Travaillez la pâte. Lorsqu'elle est souple, incorporez le beurre ramolli et l'eau de fleur d'oranger. Ramassez la pâte en boule. Couvrez-la d'un linge humide et laissez-la lever 1 h 30.
Sur le plan de travail fariné, pétrissez à nouveau la pâte. Divisez-la en deux. Aplatissez les pâtons avec votre poing fariné de manière à former des galettes épaisses. Réalisez quelques incisions sur leur surface à l'aide un cutter, comme si vous dessiniez les nervures d'une feuille. Déposez chaque galette sur une plaque du four beurrée, en écartant légèrement ses nervures. Couvrez les fouaces d'un linge humide et laissez-les lever 30 minutes.
Préchauffez le four à 220 °C (th. 7/8).
Faites cuire 25 minutes.
Laissez refroidir sur une grille, puis saupoudrez de sucre glace et garnissez d'écorces d'orange confites.

Pour une note parfumée et colorée, ajoutez une petite pincée de safran dans le lait tiédi.

Pompe provençale

Pour 2 pompes

Temps de préparation : 30 minutes
Temps de fermentation : 5 heures
Temps de repos : 6 heures
Temps de réfrigération : 12 heures
Temps de cuisson : 30 minutes

500 g de farine de blé de type 55
(+ 50 g pour le travail)
15 g de levure fraîche
(ou 7 g de levure sèche) de boulanger
10 cl d'eau tiède
150 g de sucre en poudre
Le zeste râpé de 1 citron non traité
Le zeste râpé de 1 orange non traitée
4 œufs + 1 jaune
10 g de sel
15 cl d'huile d'olive fruitée
(+ 1 cuillerée à soupe pour la plaque)
2 cuillerées à soupe d'eau de fleur d'oranger

Dans un saladier, mettez 400 grammes de farine. Creusez un puits et versez-y la levure en pluie fine, l'eau tiède pour la délayer et 100 grammes de sucre. Versez le reste de farine. Laissez lever la préparation 2 heures. Ajoutez le zeste râpé du citron et celui de l'orange, puis les œufs cassés un à un et le sel. Mélangez jusqu'à l'obtention d'une pâte qui se détache des parois du saladier. Incorporez l'huile. Couvrez la pâte d'un linge humide et laissez-la lever 4 heures minimum.
Sur le plan de travail fariné, faites retomber la pâte en la pétrissant. Divisez-la en deux. Enveloppez les pâtons dans du film alimentaire et réservez-les 12 heures au réfrigérateur. Divisez chaque pâton en quatre. Formez de longs cylindres et torsadez-les 2 par 2. Pliez les torsades sur elles-mêmes et pressez leurs extrémités l'une contre l'autre pour les souder. Déposez-les sur la plaque du four huilée. Couvrez-les d'un linge et laissez-les reposer 1 heure.
Préchauffez le four à 210 °C (th. 7). À l'aide d'un pinceau, badigeonnez les pompes du jaune d'œuf. Saupoudrez avec le reste de sucre. Faites cuire 30 minutes. À la sortie du four, enduisez les pompes d'eau de fleur d'oranger.

Présentées sous forme de fougasses ou de pains torsadés, les pompes font partie des treize desserts du Noël provençal.

Petits pains au lait

Pour 12 petits pains

Temps de préparation : 30 minutes
Temps de fermentation : 2 heures
Temps de cuisson : 20 minutes

15 g de levure fraîche
(ou 7 g de levure sèche) de boulanger
30 cl d'eau tiède
500 g de farine de blé de type 55
(+ 50 g pour le travail)
40 g de sucre en poudre
10 g de sel fin
20 g de lait en poudre
80 g de beurre ramolli
(+ 15 g pour la plaque)
1 œuf
Gros grains de sucre

Dans un bol, versez la levure. Délayez-la dans 10 centilitres d'eau tiède.
Dans un saladier, mélangez la farine, le sucre, le sel, le lait en poudre, la levure délayée et le reste d'eau. Pétrissez la pâte obtenue en l'étirant et en la pliant sur elle-même plusieurs fois. Incorporez le beurre ramolli en fin de pétrissage. Ramassez la pâte en boule. Couvrez-la d'un linge et laissez-la lever 1 heure dans un endroit chaud.
Sur le plan de travail fariné, pétrissez à nouveau la pâte en l'étirant et en la pliant sur elle-même. Divisez-la en douze. Formez des petits pains allongés. Avec une paire de ciseaux dont vous trempez la pointe dans de l'eau tiède, faites des incisions assez profondes sur 6 pains. Couvrez les 12 pains d'un linge et laissez-les lever 1 heure.
Préchauffez le four à 230 °C (th. 7/8). Déposez les pains sur la plaque du four légèrement beurrée, en les espaçant. À l'aide d'un pinceau, badigeonnez leur surface de l'œuf battu.
Laissez les petits pains entaillés nature, parsemez les autres de gros grains de sucre.
Faites cuire 20 minutes.

Avec cette pâte, vous pouvez également réaliser la baguette viennoise, introduite en France dans les années 1840 par le comte Zang, premier secrétaire de l'ambassade d'Autriche à Paris.

Chichis marseillais

Pour 12 chichis

Temps de préparation : 30 minutes
Temps de fermentation : 2 heures
Temps de cuisson : 10 minutes
par serpentin de pâte

10 g de levure fraîche
(ou 5 g de levure sèche) de boulanger
25 cl d'eau tiède
500 g de farine de blé de type 55
5 g de sel fin
1 cuillerée à café d'eau de fleur d'oranger
1 bain de friture
100 g de sucre cristallisé

Dans un bol, versez la levure. Délayez-la dans 5 centilitres d'eau tiède.
Dans un saladier, mettez la farine et le sel. Ajoutez le reste d'eau tiède, l'eau de fleur d'oranger et la levure délayée. Mélangez. Travaillez la pâte. Lorsqu'elle est lisse et se détache des parois du saladier, ramassez-la en boule. Couvrez-la d'un linge et laissez-la lever 2 heures.
Pétrissez la pâte en l'étirant et en la pliant sur elle-même plusieurs fois. Mettez un quart de cette pâte dans une poche à grosse douille lisse.
Faites chauffez le bain de friture à 160 °C.
Avec la poche à douille, faites tomber un serpentin de pâte continu dans la friture, en formant une spirale que vous commencez par le centre. Faites dorer le serpentin 10 minutes environ. Égouttez-le sur du papier absorbant. Recommencez l'opération jusqu'à épuisement de la pâte.
Avec des ciseaux de cuisine, coupez les serpentins de pâte. Roulez-les dans le sucre cristallisé. Dégustez de préférence tiède ou chaud.
La poche à douille doit être maniée doucement au-dessus du bain de friture pour éviter les éclaboussures d'huile très chaude.

Pain d'épice

Pour 1 pain

Temps de préparation : 20 minutes
Temps de cuisson : 1 heure

1 cuillerée à café de sel fin
250 g de sucre en poudre
2 cuillerées à café de bicarbonate de soude
1 cuillerée à café d'anis vert en poudre
1 cuillerée à café de gingembre en poudre
1/2 cuillerée à café de cannelle en poudre
1 pincée de noix muscade râpée
250 g de miel liquide
20 cl d'eau tiède
250 g de farine de blé de type 55
(+ 1 cuillerée à soupe pour le moule)
250 g de farine de seigle
(15 g de beurre pour le moule)

Dans une terrine, mélangez le sel, le sucre en poudre, le bicarbonate de soude, les épices et le miel. Versez doucement l'eau tiède tout en remuant.
Dans un saladier, mélangez la farine de blé et la farine de seigle. Incorporez progressivement le contenu de la terrine en mélangeant avec le fouet pour obtenir une pâte homogène et épaisse.
Préchauffez le four à 180 °C (th. 6).

Déposez la pâte dans un moule à cake beurré et fariné. Faites cuire 1 heure. Laissez reposer 5 minutes avant de démouler sur une grille.
Ce pain d'épice se conserve 5 à 6 jours enveloppé dans un linge et au sec.

Plus proche d'un gâteau que d'un pain, il lève directement au four sous l'action du bicarbonate de soude. Celui-ci peut être remplacé par de la levure chimique mélangée à la farine.

Pain aux dattes et aux noisettes

Pour 1 pain

Temps de préparation : 20 minutes
Temps de cuisson : 45 minutes

25 cl de lait
60 g de beurre
(+ 15 g pour le moule)
100 g de sucre en poudre
1 gros œuf
125 g de farine de blé de type 55
(+ 50 g pour le travail)
125 g de farine de blé complète
150 g de dattes dénoyautées
5 g de levure chimique
1/2 cuillerée à café de sel fin
80 g de noisettes décortiquées

Dans une casserole, versez le lait froid. Ajoutez le beurre coupé en morceaux et le sucre. Chauffez à feu doux. Quand le beurre a fondu, retirez la casserole du feu et laissez tiédir. Dans un bol, battez l'œuf.
Dans un saladier, mélangez les deux farines, la levure chimique et le sel.
Ajoutez la préparation lait-beurre-sucre, l'œuf battu, les dattes hachées et les noisettes concassées. Mélangez rapidement sans travailler la pâte. Préchauffez le four à 160 °C (th. 5/6). Versez la pâte dans un moule à cake beurré. Faites cuire 45 minutes. Laissez reposer 10 minutes avant de démouler sur une grille.
Pour faciliter le démoulage, tapissez le moule de papier sulfurisé beurré. Si vous utilisez un moule souple (en silicone et fibre de verre), il est inutile de le beurrer ; posez-le sur une grille avant d'y verser la pâte.

Brioche

Pour 2 grosses brioches

Temps de préparation : 30 minutes
Temps de fermentation : 2 heures
Temps de réfrigération : 4 heures
Temps de cuisson : 35 minutes

15 g de levure fraîche
(ou 7 g de levure sèche) de boulanger
5 cl d'eau tiède
500 g de farine de blé de type 55
(+ 50 g pour le travail)
10 g de sel
10 g de sucre en poudre
6 œufs
250 g de beurre ramolli (+ 20 g pour le moule)
2 cuillerées à café d'huile

Dans un bol, versez la levure. Délayez-la dans l'eau tiède.
Dans un saladier, versez la farine tamisée. Creusez un puits. Mettez-y le sel, le sucre, 5 œufs cassés un à un et la levure délayée. Commencez par mélanger ensemble les ingrédients du puits. Incorporez peu à peu la farine en la ramenant au centre du saladier. Pétrissez la pâte jusqu'à ce qu'elle soit élastique. Ramassez-la en boule. Mettez la dans un saladier huilé, couvrez-la et laissez-la lever 1 h 30 dans un endroit chaud.
Sur le plan de travail fariné, déposez la pâte et placez dessus le beurre ramolli. Pétrissez la pâte en la décollant du plan de travail, puis en l'y écrasant pour incorporer parfaitement le beurre. Replacez la pâte dans le saladier huilé et réservez 4 heures au réfrigérateur.
Divisez la pâte raffermie en deux. Façonnez des boules. Déposez-les dans des moules beurrés. Couvrez-les et laissez-les lever 30 minutes.
Préchauffez le four à 220 °C (th. 7/8). À l'aide d'un pinceau, badigeonnez les boules de pâte d'un œuf battu. Faites cuire 35 minutes, en veillant à baisser la température du four à 190 °C (th. 6/7) après 15 minutes de cuisson. Démoulez et laissez tiédir sur une grille.

Cette recette élémentaire convient pour la brioche vendéenne (parfumée à la fleur d'oranger), la brioche Nanterre (cuite dans un moule long) ou la brioche tressée.

Petites brioches parisiennes

Pour 8 petites brioches

Temps de préparation : 30 minutes
Temps de fermentation : 2 heures
Temps de réfrigération : 4 heures
Temps de cuisson : 20 minutes

15 g de levure fraîche
(ou 7 g de levure sèche) de boulanger
5 cl d'eau tiède
500 g de farine de blé de type 55
(+ 50 g pour le travail)
10 g de sel
10 g de sucre en poudre
6 œufs
250 g de beurre (+ 30 g pour les moules)
2 cuillerées à café d'huile

Préparez la pâte en suivant la recette de la brioche page 110.
Après réfrigération, divisez la pâte en huit. Formez des boules. Déposez-les dans des petits moules à brioche beurrés. Façonnez des « têtes » en étranglant chaque boule de pâte aux deux tiers. Introduisez 3 doigts serrés au centre des têtes et enfoncez-les de manière à toucher le fond des moules. Chassez les bulles d'air en cognant ces derniers sur le plan de travail. Couvrez les brioches d'un linge. Laissez-les lever 30 minutes. Elles doivent largement remplir les moules. À l'aide d'un pinceau, badigeonnez leur surface d'un œuf battu. Préchauffez le four à 220 °C (th. 7/8). Faites cuire 20 minutes.
Vous pouvez également réaliser une seule grande brioche à tête. Formez une grosse boule et placez-la dans un moule à brioche beurré adapté. Façonnez une boule plus petite. Du bout des doigts, creusez légèrement le centre de la grosse boule. Déposez la petite boule dans le creux. Afin de la souder à la boule du dessous, introduisez 3 doigts dans celle du dessus et enfoncez-les profondément. Faites cuire 15 minutes à 220 °C (th. 7/8), puis 20 à 25 minutes à 190 °C (th. 6/7).

Brioche bordelaise

Pour 1 brioche

Temps de préparation : 30 minutes
Temps de fermentation : 1 h 30
Temps de réfrigération : 4 heures
Temps de cuisson : 25 minutes

5 cl de lait
10 g de levure fraîche
(ou 5 g de levure sèche) de boulanger
250 g de farine de blé de type 55
(+ 50 g pour le travail)
5 g de sel
50 g de sucre en poudre
3 œufs
Le zeste râpé de 1 citron non traité
150 g de fruits confits assortis
125 g de beurre (+ 15 g pour la plaque)
Gros grains de sucre

Dans une casserole, chauffez le lait à feu doux. Dans un bol, versez la levure. Délayez-la dans le lait. Versez la farine tamisée dans un saladier. Creusez un puits. Mettez-y le sel, le sucre et cassez-y 2 œufs. Ajoutez la levure délayée. Commencez par mélanger ensemble des ingrédients du puits. Incorporez peu à peu la farine en la ramenant au centre du saladier. Pétrissez la pâte jusqu'à ce qu'elle soit élastique. Incorporez le zeste de citron et 50 grammes de fruits confits coupés en petits dés et farinés. Ramassez la pâte en boule. Couvrez-la et laissez-la lever 1 heure dans un endroit chaud.
Retravaillez la pâte en y ajoutant le beurre. Ramassez-la en boule et réservez-la au réfrigérateur au moins 4 heures.
Sur le plan de travail fariné, donnez à la pâte la forme d'une couronne, en l'élargissant en son milieu avec les mains. Posez-la sur la plaque du four farinée. Couvrez-la et laissez-la lever 30 minutes.
Préchauffez le four à 190 °C (th. 6/7).
À l'aide d'un pinceau, badigeonnez la couronne d'œuf battu. Sur son pourtour, découpez des becs avec une paire de ciseaux. Décorez du reste de fruits confits présentés en lamelles et saupoudrez de gros grains de sucre. Faites cuire 25 minutes. Servez tiède, de préférence.

Vous façonnerez plus facilement la couronne si vous la réalisez à partir d'une boule de pâte bien ronde et sans plis. Pour fêter les Rois, n'oubliez pas d'y glisser une fève !

CHAUMONT

Brioche Chelsea

Pour 9 petites brioches

Temps de préparation : 45 minutes
Temps de fermentation : 1 h 30
Temps de cuisson : 35 minutes

Pour la pâte

60 g de beurre
(+ 15 g pour le moule)
12 cl de lait
15 g de levure fraîche
(ou 7 g de levure sèche)
de boulanger
5 cl d'eau tiède
1 œuf
400 g de farine de blé de type 55
(+ 50 g pour le travail)
50 g de sucre en poudre
10 g de sel

Pour la garniture

120 g de raisins secs
50 g d'écorces d'orange confites
Le zeste de 1 citron
50 g de cassonade
2 cuillerées à café de cannelle

Pour le glaçage

5 cl de lait
100 g de sucre en poudre
50 g de miel liquide
50 g de beurre

Préparez la pâte. Dans une casserole, faites fondre le beurre avec le lait. Dans un bol, versez la levure. Délayez-la dans l'eau tiède. Dans un autre bol, battez l'œuf.
Mélangez la farine tamisée, le sucre et le sel dans un saladier. Incorporez la levure, le lait tiédi et l'œuf battu. Pétrissez la pâte jusqu'à ce qu'elle soit élastique. Couvrez-la d'un linge et laissez-la lever 1 heure.
Préparez la garniture. Dans un bol, mélangez les raisins secs, 50 grammes d'écorces d'orange confites coupées en petits dés, le zeste du citron, la cassonade et la cannelle.
Sur le plan de travail fariné, pétrissez à nouveau la pâte. Étalez-la avec le rouleau à pâtisserie de manière à former un rectangle. Recouvrez-la de la garniture, en laissant tout autour un bord de 2 centimètres. Passez de nouveau le rouleau à pâtisserie pour incruster la garniture. Roulez la pâte sur elle-même, puis coupez le cylindre obtenu en 9 tranches égales. Déposez-les côte à côte dans un moule carré de 20 centimètres de côté beurré. Couvrez-les d'un linge et laissez-les lever 30 minutes.
Préparez le glaçage. Dans une casserole, portez le lait à ébullition avec le sucre, le miel et le beurre. Laissez refroidir ce sirop de miel.
Préchauffez le four à 200 °C (th. 6/7). Versez le sirop sur les brioches. Faites cuire 35 minutes. Laissez tiédir 15 minutes avant de démouler sur une grille.

Un délice anglo-saxon à déguster autour d'une tasse de thé ou de café.

Kouglof

Pour 1 kouglof

Temps de préparation : 30 minutes
Temps de fermentation : 3 heures
Temps de cuisson : 40 minutes

60 g de raisins de Corinthe
30 cl d'eau chaude
10 cl de lait
15 g de levure fraîche
(ou 7 g de levure sèche) de boulanger
350 g de farine de blé de type 45
(+ 50 g pour le travail)
40 g de sucre en poudre
5 g de sel
4 œufs
175 g de beurre
(+ 15 g pour le moule)
80 g d'amandes mondées
Sucre glace

Mettez les raisins à gonfler dans un bol d'eau chaude.
Faites tiédir le lait et versez-le dans une terrine. Délayez-y la levure. Ajoutez 100 grammes de farine. Mélangez et couvrez la pâte d'un linge. Laissez fermenter 1 heure à température ambiante.
Dans un saladier, versez le reste de farine, le sucre en poudre et le sel. Creusez un puits. Ajoutez-y les œufs cassés un à un. Mélangez du bout des doigts en ramenant peu à peu la farine vers le centre du saladier. Incorporez le levain. Pétrissez la pâte jusqu'à ce qu'elle soit élastique. Déposez-la sur le plan de travail fariné. Placez le beurre assoupli dessus. Pétrissez la pâte et projetez-la plusieurs fois sur le plan de travail pour incorporer le beurre.
Égouttez les raisins et introduisez-les dans la pâte. Ramassez-la en boule. Mettez-la dans une terrine. Couvrez-la et laissez-la lever 1 h 30 au chaud.
Beurrez un moule à kouglof. Parsemez son fond d'amandes. Retravaillez la pâte. Formez un gros cylindre et déposez-le dans le moule. Couvrez-le d'un linge. Laissez-le lever 30 minutes au chaud : la pâte doit remplir le moule.
Préchauffez le four à 200 °C (th. 6/7). Faites cuire 40 minutes. Démoulez sur une grille. Après refroidissement, saupoudrez le kouglof de sucre glace.

Vous apprécierez, au petit déjeuner, cette spécialité alsacienne. Le kouglof accompagne aussi très bien les vins d'Alsace.

Petits pains aux raisins

Pour 12 petits pains

Temps de préparation : 30 minutes
Temps de fermentation : 2 heures
Temps de réfrigération : 4 heures
Temps de cuisson : 20 minutes

Pour la pâte

15 g de levure fraîche
(ou 7 g de levure sèche) de boulanger
5 cl d'eau tiède
500 g de farine de blé de type 55
(+ 50 g pour le travail)
10 g de sel
10 g de sucre en poudre
6 œufs
250 g de beurre ramolli
(+ 15 g pour la plaque)

Pour la garniture

100 g de raisins secs
50 cl d'eau tiède
25 cl de lait
1 pincée de vanille en poudre
3 jaunes d'œufs
80 g de sucre en poudre
15 g de farine
15 g de Maïzena

Préparez la pâte. Versez la levure dans un bol. Délayez-la dans l'eau tiède. Dans un saladier, mélangez la farine, le sel, le sucre, 5 œufs cassés un à un et la levure délayée. Pétrissez la pâte obtenue. Ramassez-la en boule. Couvrez-la et laissez-la lever 1 h 30.
Retravaillez la pâte en y incorporant le beurre ramolli. Ramassez-la en boule et réservez-la au moins 4 heures au réfrigérateur.
Préparez la garniture. Faites gonfler les raisins secs dans l'eau tiède.
Réalisez une crème pâtissière. Faites bouillir le lait avec la vanille en poudre. Dans une terrine, battez les jaunes d'œufs avec le sucre. Incorporez la farine, la Maïzena, puis délayez avec le lait vanillé bouillant. Faites épaissir sur feu doux jusqu'au premier bouillon.
Étalez la pâte au rouleau à pâtisserie en lui donnant la forme d'un grand carré. Recouvrez-la de la crème pâtissière et parsemez les raisins égouttés. Formez un rouleau de pâte bien serré. Coupez-le en tranches de 3 centimètres d'épaisseur.
Déposez les pains sur la plaque du four beurrée. Aplatissez-les légèrement. Couvrez-les d'un linge et laissez-les lever 30 minutes. À l'aide d'un pinceau, badigeonnez-les d'œuf battu pour les faire dorer.
Préchauffez le four à 220 °C (th. 7/8). Faites cuire 20 minutes.

Vous pouvez remplacer les raisins secs par des pépites de chocolat.

Croissants

Pour 12 croissants

Temps de préparation : 1 heure
Temps de fermentation : 2 heures
Temps de réfrigération : 1 h 30
Temps de cuisson : 20 minutes

15 g de levure fraîche
(ou 7 g de levure sèche) de boulanger
15 cl d'eau tiède
15 cl de lait tiède
500 g de farine de blé de type 55
(+ 50 g pour le travail)
10 g de sel + 1 pincée
40 g de sucre en poudre
250 g de beurre
(+ 15 g pour la plaque)
1 œuf

Délayez-la levure dans l'eau tiède et le lait. Dans un saladier, mélangez la farine tamisée avec 10 grammes de sel et le sucre. Creusez un puits. Versez-y la levure délayée, puis ramenez peu à peu la farine au centre du saladier. Pétrissez la pâte obtenue, ramassez-la en boule et couvrez-la. Laissez-la lever 1 h 30.
Faites retomber la pâte en la pliant sur elle-même. Réservez-la 1 heure au réfrigérateur. Saupoudrez le beurre de farine et aplatissez-le en un carré de 2 centimètres d'épaisseur. Sur le plan de travail fariné, étalez la pâte en formant un rectangle. Déposez le beurre au centre. Pliez la pâte en trois. Allongez-la à nouveau en rectangle et pliez-la en quatre, puis renouvelez l'opération en la pliant en trois. Réservez 30 minutes au réfrigérateur. Étalez la pâte en formant un grand carré. Divisez-le en trois. Puis découpez 4 triangles dans chaque bande de pâte. Roulez-les sur eux-mêmes, en commençant par leur base. Déposez-les sur la plaque du four beurrée. Recourbez leurs pointes. Pour faire dorer les croissants, badigeonnez-les avec l'œuf battu et saupoudrez-les de sel. Couvrez-les et laissez-les lever 30 minutes.
Préchauffez le four à 220 °C (th. 7/8). Faites cuire 20 minutes.

Croissants aux amandes

Pour 12 croissants

Temps de préparation : 1 h 15
Temps de fermentation : 2 heures
Temps de réfrigération : 1 h 30
Temps de cuisson : 20 minutes

Pour la pâte

Voir recette p. 122

Pour la garniture

120 g d'amandes effilées
100 g de beurre ramolli
100 g de sucre en poudre
1 œuf
100 g d'amandes en poudre
10 g de farine
1 cuillerée à soupe de rhum
1/2 cuillerée à café de vanille en poudre

Pour le glaçage

150 g de sucre glace
1 blanc d'œuf

Préparez les croissants en suivant la recette de la page 122.
Préparez la garniture. Faites griller les amandes effilées à sec dans une poêle à revêtement anti-adhésif bien chaude. Réservez.
Dans une terrine, battez le beurre et le sucre au fouet jusqu'à ce que le mélange soit lisse. Incorporez l'œuf, puis la poudre d'amandes tamisée avec la farine. Parfumez de rhum et de vanille. Fendez les croissants. Fourrez-les de la préparation aux amandes.
Préparez le glaçage.
Dans un bol, mélangez le blanc d'œuf avec le sucre glace. Recouvrez les croissants de cette préparation. Parsemez-les d'amandes refroidies. Laissez sécher le glaçage avant de servir.

Une variante riche et sucrée du croissant qui peut aussi être interprétée avec des noisettes.

Index des pains

Remerciements aux établissements Dehillerin, Paris.

Recettes : Marguerite Rousseau

Photographies : Alain Muriot

Stylisme culinaire : Martine Muriot

Mise en pages : Claude-Olivier Four

Edition exclusivement réservée aux adhérents du Club
LE GRAND LIVRE DU MOIS
15, rue des Sablons
75116 PARIS
Dépôt légal : octobre 2003
ISBN : 2-7028-8737-6
Achevé d'imprimer en octobre 2003 par Pollina s.a., 85400 Luçon - n° L91638-A
Imprimé en France